Michael Pohl ist Reisejournalist, Zeitungsdesigner und Großbritannienexperte und gondelt sowohl in diesen Funktionen als auch ganz privat immer wieder durch die Welt. Meist ist er irgendwo jenseits des Ärmelkanals anzutreffen, wo er selbst gelebt hat und wo er seit Jahren für Reportagen und Bücher Land, Leute und das politische Geschehen beobachtet.

Michael Pohl schreibt für mehrere Tageszeitungen und Onlineauftritte. Als Buchautor befasst er sich vor allem mit den Britischen Inseln.

MICHAEL POHL

Was Sie dachten

NIEMALS

über

ENGLAND

wissen zu wollen

55 vereinigte Einblicke
in ein Königreich

CON
BOOK.

© Conbook Medien GmbH, Neuss, 2022
Alle Rechte vorbehalten.

www.conbook-verlag.de

Textredaktion: Kanut Kirches, Köln
Einbandgestaltung: Weiß-Freiburg GmbH, Grafik und Buchgestaltung unter Verwendung der Motive von Zryzner/Shutterstock.com und neil langan/Shutterstock.com
Satz: Röser MEDIA, Karlsruhe
Druck und Verarbeitung: Multiprint, Bulgarien

ISBN 978-3-95889-334-4
893344 01 22 9

Folgen Sie uns!

Wir informieren Sie gerne und regelmäßig über Neuigkeiten aus der Welt des CONBOOK Verlags. Folgen Sie uns für News, Stories und Informationen zu unseren Büchern, Themen und Autoren.

www.conbook-verlag.de/newsletter

www.facebook.com/conbook

www.instagram.com/conbook_verlag

INHALT

Vorwort 10

1. Sorry, ich bin Engländer 13

2. Engländer sind handzahm 16

3. Engländer reden nur übers Wetter 20

4. Engländer brauchen immer einen
englischen Pub 25

5. England könnte die Ampeln auch
abschaffen 30

6. Engländer beschweren sich nie 33

7. Engländer lieben es morgens deftig 37

8. Engländer nuscheln sich durchs Land 41

9. Engländer wollen sich nicht ausweisen. . . . 44

10. Engländer sind der Nabel der Welt –
glauben sie. 49

11. Engländer mögen schales Bier. 53

12. Engländer lieben es anspruchslos 58

13. Engländer sind süchtig nach
Outdoor-Essen 64

14. Engländer sind königstreu 69

15. Engländer rauchen und rauchen
und rauchen. 74

16. Engländer sind abhängig von Chips
und Pommes. 78

17. Engländer schweigen sich in der
U-Bahn an. 82

18. Engländer machen gern frei 88

19. Engländer sind Nationalisten 92

20. Die Uhren der Engländer gehen anders. . . . 97

21. Engländer wetten auf alles 100

22. Engländer lieben Jogginghosen 103

23. Engländer stehen auf Underdogs 107

24. Engländern ist alles recht 111

25. Was Engländer auf den Tisch bringen,
ist … anders. 117

26. Von wegen Oxford – Engländer verstehen
ihre eigene Sprache nicht 121

27. Engländer halten die Erinnerung wach . . . 125

28. Engländer sollten besser nie
krank werden 133

29. Engländer hängen am Beutel. 138

30. Engländer müssen sich zwanghaft
anstellen 141

31. Engländer pflegen seltsame Bräuche 145

32. Engländer lieben hohe Strafen 150

33. Engländer rasten vor der Hochzeit aus . . . 154

34. Engländer sprechen nur Englisch. 158

35. Engländer nehmen nichts mehr für
bare Münze 162

36. Engländer meinen es nicht so 166

37. Für Engländer ist der Zug abgefahren. . . . 169

38. Engländer wollen gedrillt werden 174

39. Engländer frieren nicht 178

40. Engländer arbeiten gegen den
Klimawandel. Nicht.. 182

41. Wenn Engländer trinken, dann
trinken sie 186

42. U-Bahn fahren ist für Engländer eine
Herausforderung. 191

43. Engländer träumen von der großen
eigenen Welt. 196

44. Engländer lieben Nadelstreifen 201

45. Im Bad ist der Engländer Anachronist 205

46. In England geht man zum Essen
ins Theater 209

47. Viele Engländer haben kein Zuhause 213

48. Engländer haben es nicht so mit
der Uhrzeit 217

49. Im Pub sind Engländer Chauvinisten 220

50. Engländer sehen sich links im Recht. 224

51. Engländer lieben nicht nur
Last Christmas 228

52. Engländern muss alles aufgemalt
werden 233

53. Engländer spielen Brennball mit
Teepause 236

54. Engländer prügeln sich gern 240

55. Engländer haben eine weibliche Seite . . . 244

Nachwort. 248

Stichwortverzeichnis 250

VORWORT

Alles so schön geordnet in England? Autos fahren stets links, die Pubs füllen jedes Glas bis an den Rand, Big Ben schlägt die Zeit, komme, was wolle, die Post wird im Auftrag des Königshauses geliefert, und der Ärmelkanal ist die wichtigste aller Grenzen – nämlich die zum Rest Europas.

Aber was macht diese schöne feste Ordnung aus den Menschen? Möglicherweise entlädt sich der ganze Frust darüber ja in absonderlichen Bräuchen. Wo sonst rollen Menschen aus rein sportlichen Gründen einen großen Käselaib einen Hang hinab und rennen ihm hinterher? Oder laufen mit Pfannkuchen in der Bratpfanne durch ein Dorf um die Wette? Feiern einen Menschen, der vor Jahrhunderten mal das Parlament in Westminster in die Luft jagen wollte? Und wer genau hinsieht, merkt, dass der stille Protest sogar bereits an jeder einzelnen Fußgängerampel beginnt. Denn dort gehen viele Engländer absichtlich bei Rot. Soll man sich von einem elektrischen Licht vorschreiben lassen, was man zu tun und zu lassen hat? Das hat ja schließlich über Jahrzehnte selbst die EU nicht geschafft.

Die Engländer, eine Nation der wohlbeherrschten, stets vorbildlichen Zeitgenossen? Vergessen Sie es!

Aber was ist so schlimm daran? Nichts! Meist sind es ja genau die kleinen Skurrilitäten, die den Charme einer Nation ausmachen. Es sind die verborgenen Eigenarten, von denen außerhalb des Landes nie jemand etwas erfährt. Das ist auch in England nicht anders.

Dieses Buch soll Sie keineswegs dazu animieren, niemals dorthin zu reisen, auch wenn Sie es vielleicht gerade deswegen gekauft haben, weil Sie im Buchladen nicht so genau aufs Kleingedruckte geschaut haben. Im Gegenteil: Engländer sind überaus sympathische Menschen, vielleicht mit der einen oder anderen Besonderheit. Aber ist das nicht bei jedem Menschen so, ganz egal, woher er kommt? Wie in jeder guten Ehe schleichen sich mit der Zeit Angewohnheiten ein, die Außenstehende beim ersten Anblick vielleicht eher verstören – ohne die aber eine Beziehung um einiges langweiliger wäre.

Und bevor Sie auf den nächsten Seiten beginnen zu stutzen: Dieses Buch erzählt über England, es ist aber auch oft von Großbritannien die Rede und manchmal auch vom Vereinigten Königreich – das ist keine Ungenauigkeit, sondern Absicht. Es geht im Kern um Engländer, doch oft lässt sich das in Großbritannien (zu dem auch Wales und Schottland gehören) nicht so einfach herunterbrechen, und manches Thema bezieht sich schlichtweg auf die ganze Nation – das Vereinigte Königreich, das neben Großbritannien auch noch Nordirland umfasst. Wie gesagt: alles schön geordnet auf der Insel.

Michael Pohl

SORRY, ICH BIN ENGLÄNDER

Entschuldigen

E s ist bezeichnend, dass der in Ehrfurcht gealterte Song *Hard to Say I'm Sorry* von einer Band mit dem Namen Chicago gesungen wurde. Vor allem aber von einer Gruppe, die aus den USA stammt. Niemals wäre eine englische Band oder eine mit dem Namen einer britischen Stadt auf solch einen Refrain gekommen. Schließlich fällt es Engländern alles andere als schwer, sich zu entschuldigen. Denn sie tun dies von frühester Kindheit an, Tag für Tag, ihr Leben lang. »Sorry« dürfte das mit Abstand meist genutzte Wort im englischen Alltag sein, gefolgt von der etwas höflicheren Form »excuse me«.

Der Spaß beginnt meist schon am Bahnhof, in der U-Bahn oder im Bus. Für irgendetwas entschuldigen sich die Betreiber des Nahverkehrs immer, und sei es nur für eventuell entstandene Unannehmlichkeiten. Das müssen gar nicht mal Verspätungen oder Zugausfälle sein. »Inconveniences« sind schon Gleisverlegungen, rote Ampeln oder Signale – oder zu häufige Nennungen des Wortes »Inconvenience«. Man entschuldigt sich in England für alles, fürs Anrempeln, für eine Frage, fürs Zuspätkommen oder auch einfach nur fürs pünktliche Erscheinen. Oder dafür, dass man sich gerade für nichts entschuldigen kann.

Eine Umfrage ergab vor einigen Jahren, dass sich Briten durchschnittlich achtmal pro Tag entschuldigen. Jeder achte tut dies sogar bis zu 20-mal täglich. 36 Prozent der Briten entschuldigen sich selbst für Dinge, die sie gar nicht zu verantworten haben, sondern andere. Damit liegen sie international mit an der Spitze. Eine andere Umfrage des Meinungsforschungsinstituts YouGov untersuchte die Unterschiede zwischen Briten und Amerikanern beim Entschuldigen. Das Ergebnis: Auf zehn amerikanische Sorrys kommen 15 britische. Dieselbe Umfrage ergab allerdings auch manche Gemeinsamkeit: Knapp drei Viertel der Menschen aus beiden Ländern würden sich dafür entschuldigen, jemanden zu unterbrechen. Eine andere Umfrage zählte viermal so viele Sorrys im britischen Englisch verglichen mit dem der Amerikaner.

GWR, ein Eisenbahnbetreiber, wurde 2018 in der *New York Times* vorgerechnet, sich im Schnitt 110-mal am Tag zu entschuldigen – und damit an der Spitze der britischen Eisenbahnbetreiber zu stehen. Die bringen es insgesamt auf mehr als 450.000 Entschuldigungen pro Jahr, wie die Website sorryfortheinconvenience.co.uk gezählt hat. Wer in England etwas auf sich hält, entschuldigt sich – besser einmal zu viel als zu wenig.

Die Sozialanthropologin Kate Fox wagte vor Jahren für ihr Buch *Watching the English* ein Experiment: Sie rempelte absichtlich Hunderte Menschen in englischen Städten an und ermutigte Kollegen, dasselbe in anderen Ländern zu tun. Das Ergebnis: Rund 80 Prozent der englischen Probanden entschuldigten sich dafür, dass sie angerempelt wurden. Dabei waren ja gar nicht sie schuld, sondern Fox. Menschen aus anderen Ländern taten dies deutlich weniger oft.

Die Wahrheit liegt allerdings, wie so oft, im Ungenauen. Während »Entschuldigung« in vielen Ländern ernst gemeint ist und aus ganzem Herzen eine Form der Reue darstellt, ist »sorry« in England zu einer Art geflügeltem Wort geworden. Es wird eher beiläufig, mehr reflexartig verwendet. Briten mögen sich oft entschuldigen – dass sie reuiger sind, bedeutet dies keinesfalls.

ENGLÄNDER SIND HANDZAHM

Wenn die Corona-Krise eine These untermauert hat, dann diese: Engländer nehmen es nicht so genau mit dem Händewaschen – eine steile Behauptung? Dann gehen Sie mal in England auf eine öffentliche Toilette und beobachten, wie viele Besucher nach dem eigentlichen Geschäft am Waschbecken einen Halt einlegen. Egal wo, egal wann: Die Zahl hält sich in Grenzen. Das erklärt vielleicht ein bisschen den steilen Anstieg der Corona-Fälle im Frühjahr 2020, bei denen Großbritannien in rasantem Tempo den damaligen europäischen Spitzenreiter Italien einholte.

Eine Studie wollte bereits einige Jahre vor der Pandemie Licht ins Dunkel dieser heiklen Hygieneangelegenheit bringen. Gefragt wurden damals Nutzer von Autobahnraststätten in Großbritannien, ob sie ihre Hände nach dem Aufsuchen der Toiletten gewaschen hatten. Fast alle – 99 Prozent – gaben an, dies getan zu haben. Elektronische Sensoren aber belegten, dass tatsächlich lediglich 32 Prozent der Männer und 64 Prozent der Frauen ihre Hände gewaschen hatten. Viele tun es wie selbstverständlich nicht – aber niemand würde es zugeben.

Das ist umso dramatischer, wenn man eine weitere Studie aus dem Jahr 2010 hinzuzieht: Damals wurden die Hände von Pendlern in öffentlichen Verkehrsmitteln auf Fäkalkeime untersucht – in 28 Prozent der Fälle wurden die Initiatoren der Studie fündig. Das erklärt vielleicht eine weitere Zahl: In Großbritannien gibt es Jahr für Jahr mehr als eine Million Lebensmittelvergiftungen. Wissenschaftler glauben, dass etwa ein Drittel der Fälle von Magen-Darm-Erkrankungen durch die Beachtung grundlegender Händehygiene verhindert werden könnte. Das hätte nicht nur einen gesundheitlichen Vorteil, sondern auch einen ökonomischen. Studien zufolge kostet die britische Wirtschaft der Ausfall von Mitarbeitern durch Lebensmittelvergiftungen jährlich rund 1,5 Milliarden Pfund. Und viele Briten hätten womöglich mehr von ihren Urlauben: Bereits 2003 stellten Forscher fest, dass Briten viel öfter unter Durchfall auf Reisen leiden als andere Europäer sowie Australier und Amerikaner.

Nun ist Händeschütteln unter Engländern nicht weit verbreitet – aber es genügt im Zweifelsfall eine Türklinke, um Keime in Windeseile weiterzureichen. Angesprochen auf die – wissenschaftlich belegte – mangelnde Handhygiene werden Briten indes ungern. Lediglich der Drang zum Desinfektionsmittel hat während der Corona-Pandemie zumindest ein wenig daran ändern können.

Welchen Effekt konsequentes Händewaschen in Großbritannien aber letztlich hätte, ist nicht ganz sicher – denn spätestens beim Händetrocknen kommt ein weiterer kritischer Punkt zum Tragen. Es gibt fast im gesamten Land keinerlei Papierhandtücher auf öffentlichen Toiletten, sondern Lufttrockner, vor allem jene eines ehemals britischen Staubsaugerherstellers, der seinen Sitz in Brexit-Zeiten kurzerhand nach Singapur verlagerte, nicht ohne zuvor noch mal massiv die Anti-EU-Kampagne zu unterstützen. Händetrockner aber, das finden Wissenschaftler in immer neuen Studien heraus, sind regelrecht Bakterienschleudern. Forscher der University of Leeds etwa stellten 2014 fest, dass Händetrockner 27-mal mehr Bakterien im Raum verteilten als Papierhandtücher. Der Grund ist simpel: Besucher von Toiletten waschen sich nicht richtig die Hände, die Lufttrockner verteilen die noch auf den Händen vorhandenen Keime großflächig im Raum – oder im Händetrockner selbst.

Wahrscheinlich sagen sich deswegen so viele Briten: besser gar nicht die Hände waschen.

Harte Fakten

So nachlässig Engländer beim Toilettenbesuch sein mögen – in Restaurants legen sie Wert auf höchste Transparenz. Seit 2008 gibt es das Food Hygiene Rating, bei dem sich lebensmittelverarbeitende Betriebe nicht nur einer regelmäßigen Prüfung unterziehen müssen – sie sind auch noch angehalten, das Ergebnis auf einem großen grünen Aufkleber an der Tür zu präsentieren. Die Betriebe werden anhand unterschiedlicher Hygienevorschriften von 0 (dringend Verbesserungen notwendig) bis 5 (sehr gut) eingestuft. Das Ergebnis ist verblüffend: Im ganzen Land gibt es überwiegend Bewertungen von 4 und 5 – denn wer weniger Punkte erhält, ist im eigenen Interesse darauf bedacht, nachzubessern und eine Nachprüfung zu erbitten. Andernfalls drohen die Gäste auszubleiben.

ENGLÄNDER REDEN NUR ÜBERS WETTER

Die ganze Wucht des englischen Wortschatzes zeigt sich bei Konversationen übers Wetter. Eigentlich kennt der englische Alltag nur zwei Zustände – entweder es regnet (weniger oft als manche behaupten) oder es regnet nicht (selten dann, wenn man es wirklich braucht). Aber für Engländer sind die Nuancen entscheidend. So kann es zum Beispiel »chilly« sein, also kühl (was es irgendwann am Tag meistens ist), es kann »drizzle« geben (Nieselregen, auch nicht wirklich selten), es regnet mitunter »cats and dogs«, wie der Brite sagt, also in Strömen. Oder aber es ist auf der anderen Seite »unbearably hot«, also unerträglich heiß. Was meist bei Temperaturen ab 20 Grad der Fall ist. Viel entscheidender aber ist: Früher oder später kommt es bei einer Konversation zwischen zwei beliebigen Engländern zwangsläufig zu diesem Thema. Das Wetter ist mit großem Abstand Lieblingsgespräch auf der Insel – und sei es nur in Form der Standardfloskel: »Lovely day, isn't it?«

Eine Studie enthüllte im Jahr 2018, dass Briten vier Monate ihres Lebens damit verbringen, übers Wetter zu reden. An einem typischen Tag kommen sie im Durchschnitt dreimal auf dieses Thema, gab die Mehrheit der 2.000 Befragten an. Darüber hinaus posten Erwachsene wöchentlich im Schnitt sechs Kommentare in sozialen Medien, die einen Wetterbezug haben. Elf Minuten pro Woche verbringen sie damit, den Wetterbericht entweder im Fernsehen, in einer App oder im Internet zu checken. Laut Umfrage reden dreimal mehr Menschen beim Smalltalk über dieses Thema als über eine aktuelle TV-Sendung oder ein Sportevent. Ein Viertel der Befragten gab sogar zu, davon besessen zu sein, über das Wetter zu reden.

Das ganze Gerede über Sonne, Regen und aufziehende Gewitter hat in der Regel nur einen Haken: Es stimmt selten, was morgens über den Verlauf des Tages herumphilosophiert wird. In vielen Ecken Englands ändert sich das Wetter derart schnell, dass ein kurzes Regenband die schönste Wettervorhersage zunichtemachen kann. Und es auch regelmäßig tut.

Dazu kommt ein gewisses Spektrum in der Einschätzung von Wind, Temperaturen und Regenmengen. Während 10 Grad im Norden des Landes durchaus als Sommertag gewertet werden können, holt man im Süden dann mitunter bereits die Daunenjacke aus dem Schrank. Die BBC glänzt im Sommer meist bereits ab 20 Grad mit Hitzewarnungen und rät, das Haus keinesfalls ohne Wasserflasche zu verlassen. Auch dies wird dann sehr schnell zum Smalltalk-Thema – und das Frühstücksfernsehen füllt ganze Sendungen damit.

Die Briten und das Wetter? Die wohl glücklichste Beziehung, die man sich auf Erden vorstellen kann. Das könnte vor allem einen Hintergrund haben: Es gibt abseits vom Wetter unendlich viele Tabuthemen. So reden Engländer beim Smalltalk unter keinen Umständen über Politik. Sie sprechen keine Themen an, die das Gegenüber in irgendeiner Weise verletzten könnten – Familienstand, Vergangenheit, Krankheiten, geschlechtliche Gesinnung und vieles mehr. Und auch der Beruf ist zumindest anfangs tabu. Thematisiert wird er eigentlich nur, wenn es sich durch eine ungeschickte Bemerkung nicht mehr vermeiden lässt. Wer mit dem Wetter durch ist, hangelt sich bestenfalls noch zum Fernsehprogramm des Vorabends, zur jüngsten Netflix-Serie oder irgendeinem Sporttermin, sei es Tennis, Rugby, Cricket oder Fußball. Niemals aber artet ein solches Gespräch in grundlegenden Debatten über das große Ganze aus. Stellen Sie sich das mal in einer deutschen Eckkneipe vor, in der mitunter tagtäglich das politische System Deutschlands neu erfunden wird.

Vielleicht aber wäre so ein kleines bisschen Politik an Englands Tresen manchmal auch nicht ganz so schlecht. Der Brexit etwa war Thema in sozialen Medien, im Fernsehen und in Tageszeitungen. Aber im Pub um die Ecke? Da lief in den entscheidenden Monaten meist eher das aktuelle Premier-League-Spiel. Was die »Leave«-Kampagne log, erreichte die Barhocker oft nicht. Was die »Remainer« vergebens an Fakten an den Mann zu bringen versuchten, prallte spätestens an den Eingangstüren der Pubs ab. Das politische System in England – es könnte durch ein bisschen inhaltlich qualifizierteren Smalltalk vielleicht ganz anders aussehen.

Aber

Nebel und Regen sind die Synonyme für das englische Wetter. Und wahrscheinlich wäre der englische Rasen auch bei Weitem nicht so schön grün, wenn ihn 365 Tage im Jahr die Sonne braten würde. Doch das vermeintlich schlechte Wetter in England ist eine Legende. Genau genommen ist es im Schnitt sogar besser als in Deutschland. So gibt es im Vereinigten Königreich durchschnittlich 153 Regentage im Jahr, wobei die als solche definiert sind, an denen in irgendeiner Weise Niederschlag von mehr als einem Millimeter fällt. Das muss kein Dauerregen sein. In Deutschland sind es laut Statistik je nach Region zwischen 160 und 260 Regentage jährlich.

ENGLÄNDER BRAUCHEN IMMER EINEN ENGLISCHEN PUB

D er Pub, so heißt es, sei das Wohnzimmer der Engländer. Genau genommen ist er aber viel mehr: nämlich zugleich eine Art Ferienwohnung. Denn: Egal, wohin auf der Welt ein Engländer reist – der Pub ist schon dort. Manchmal hat man den Eindruck, das halbe Land habe früher oder später die eigene Insel verlassen, um irgendwo auf dem Globus eine typisch englische Kneipe zu eröffnen. Und die andere Hälfte reist im Urlaub hinterher, um dort zumindest die Abende zu verbringen. Mitunter auch mehr Zeit des Tages.

Paul, ein Freund von mir aus Südengland, fand kürzlich während einer Reise nach Teneriffa mit einem beneidenswerten Gespür gleich drei englische Pubs in einem einzigen Ort, in denen er abwechselnd an jedem einzelnen Abend anzutreffen war. In einem pflegte er sogar zu speisen – Fish and Chips. Laura, eine Freundin aus London, sah vor Jahren bei einem Kurztrip nach Rom weder das Kolosseum noch den Petersdom; dafür aber schaffte sie gleich vier Pubs. »My home is my castle«, sagt der Deutsche dem Briten als Sprichwort nach. In Wahrheit ist das Zuhause der Briten aber etwas ganz anderes: der Pub.

Statistiken rüttelten insofern vor Jahren eine ganze Nation wach: Innerhalb von nur zehn Jahren soll die Zahl der Pubs in Großbritannien um fast ein Viertel gesunken sein – auf inzwischen rund 48.000 in Großbritannien, davon allein 40.000 in England. Obwohl Kneipen immer voll sind und auch gute Geschäfte machen, schlossen viele kleine Pubs für immer die Türen. Viel wurde seitdem diskutiert und geforscht, woran das Kneipensterben bei ungebremstem Durst wohl liegen möge. Am Rauchverbot, mutmaßten einige. Denn seit der Einführung eines Gesetzes im Jahr 2006, das Rauchen am Arbeitsplatz – also auch in Kneipen – untersagt, ging die Zahl der Pubs spürbar zurück. Allerdings fiel Großbritannien zur selben Zeit auch ganz unabhängig vom Rauchen in eine Rezession, die Arbeitslosigkeit stieg, die Menschen hatten schlichtweg weniger Geld zum Vertrinken. Genauso wenig hatte offenbar vier Jahre zuvor der Fall der Sperrstunde in England eine Auswirkung auf den Umsatz der Branche. Bis zum 1. November 2002 mussten Kneipen in England konsequent um 23 Uhr schließen. Eine Uhrzeit, die sich allerdings in den Köpfen vieler Pub-Besucher so eingebrannt hat, dass sich etliche bis heute daran halten. Und bis 23 Uhr tapfer ein Pint nach dem anderen bestellen.

Dazu kommt ein weiteres Phänomen: Kneipen machten zwar in Reihe dicht – der Umsatz der Branche aber sank seitdem nicht. Britische Pubs steuerten im Jahr 2018 ganze 23,1 Milliarden Pfund Umsatz zur britischen Wirtschaft bei. Auch die Zahl der Beschäftigten sank nicht, sondern stieg sogar leicht. Allein: Die Briten trinken nicht mehr im kleinen Gasthaus um die Ecke. Es zieht sie in die großen Ketten, in denen es bis spät abends zu essen gibt, in denen neben einem Dutzend oder mehr Sorten Bier auch Cocktails, Longdrinks und Shots ausgeschenkt werden, wie in England die kurzen hochprozentigen Drinks heißen. Die Pub-Ketten sind die Gewinner einer veränderten Branche. Während der Corona-Krise offenbarte sich in Großbritannien einmal mehr die große Liebe einer Nation zum Pub. Im ganzen Land waren, wie fast überall auf der Welt, Geschäfte und Schulen geschlossen, Flugzeuge blieben am Boden, Innenstädte waren verwaist, Intensivstationen hoffnungslos überfüllt. Aber worüber diskutierten viele Medien teils über Wochen? Über die Forderung von Wirten, endlich wieder ihre

Pubs öffnen zu dürfen. Dabei warnten Wissenschaftler prompt: Der Pub sei genau das Umfeld, das das Virus zur Verbreitung benötige – enge Räumen, in denen viel gelacht und geredet werde. Der *Independent* zitierte einen Wissenschaftler mit einer ernüchternden Aussage: »Wenn Sie mich fragen, ob ich eher in einem Flugzeug fliegen oder in einen Pub gehen würde – ich würde eher das Flugzeug wählen.« In mehreren Städten, unter anderem in Preston und Aberdeen, machten Experten Pubs im Sommer 2020 für eine erneute Zunahme der Corona-Fälle verantwortlich.

So oder so: Um zu einem guten Pub zu kommen, könnten Engländer eigentlich ein Leben lang im eigenen Land trinken, ohne nach Teneriffa, Rom oder in andere Orte reisen zu müssen. Die University of Waterloo in Kanada stellte 2016 die Ergebnisse eines Projekts vor, das die kürzeste Verbindung zwischen allen 24.727 damals im Kneipenverzeichnis Pub Galore gelisteten Gasthäusern aufzeigte. Demnach lassen sie sich allesamt bei einer 45.495 Kilometer langen Tour besuchen. Ein weiter Weg – sogar mehr als der Umfang der Erde (40.074 Kilometer). Der durchschnittliche Abstand zwischen jedem Pub ist der Untersuchung zufolge zu Fuß eine Stunde – es gibt demnach aber auch Trockenphasen. Die längste ist eine 435 Kilometer lange Strecke zwischen Durness und Shetland, zu Fuß beziehungsweise mit dem Schiff rund 50 Stunden. Wobei man aber auch auf dem Wasser nicht trocken bleiben muss: Auf zwei der im längsten Pub Crawl der Welt enthaltenen Fähren gibt es Alkohol zu trinken.

Die Universität betonte, dass das britische Pub-Problem als »Mittel zur Entwicklung und Erprobung von allgemeinen Optimierungsmethoden« verwendet worden sei, die breite Anwendung in Wissenschaft, Industrie und Handel fänden. Man habe nicht die Zahl der Wanderkneipenliebhaber erhöhen wollen. Ob das wohl geklappt hat?

Gut zu wissen

Dank Fernsehserien wie *Inspektor Barnaby* oder *Lewis* schwärmen viele vom kleinen englischen Pub um die Ecke. Doch: Die meisten gehören großen Ketten, oft traditionellen Brauereien oder Unternehmen, die daraus entstanden sind. Oft gleichen sich Einrichtung, Speisekarte und Konzept in den einzelnen Häusern, wobei viele Betreiber Wert auf einen individuellen Anstrich legen. Greene King aus Suffolk etwa unterhält in Großbritannien insgesamt 3.100 Pubs und Restaurants, Punch Pubs 1.300 Kneipen, JD Wetherspoon fast 900. Der größte Betreiber ist die Ei Group mit insgesamt 5.000 Pubs im ganzen Land.

ENGLAND KÖNNTE DIE AMPELN AUCH ABSCHAFFEN

Als die Polizei in Athen vor Jahren mit einem Bußgeld aktiv gegen Rotlichtsünder unter Fußgängern vorging, schüttelte die englische Presse einhellig den Kopf: Was, bitteschön, soll falsch daran sein, eine Fußgängerampel nicht bei Grün zu überqueren? Egal ob in London, Bristol, Manchester oder jeder weiteren beliebigen Stadt der Insel – kaum jemand hält sich ernsthaft an rote Fußgängerampeln. Man geht, wenn es der Verkehr zulässt. Was da ein kleines Licht anzeigt, ist den meisten egal. Sie beachten Ampeln oft nicht mal – selbst wenn Kinder anwesend sind. Schließlich sollen auch nachwachsende Generationen früh eingebläut bekommen, wie es läuft. Oder besser: wie man läuft, nämlich bei Rot.

Eine Studie des Meinungsforschungsinstituts You-Gov untermauerte die gängige Praxis vor einigen Jahren mit Zahlen: Nur 11 Prozent der Briten achten beim Überqueren einer Straße darauf, ob dies an dieser Stelle zum einen wirklich erlaubt ist und ob eine eventuelle Ampel auch wirklich Grün zeigt. 47 Prozent gaben offen zu, Rotlicht als Fußgänger generell zu missachten, 38 Prozent räumten ein, dies zumindest ab und an zu tun.

Ein Grund dafür könnte im fehlenden Vertrauen in die Technik liegen: Viele Fußgängerampeln in England verfügen über einen Knopf, mit dem Passanten um grünes Licht bitten können. Allein: Es passiert selten etwas, wenn dieser Knopf gedrückt wurde. Oder es dauert. Manchmal scheinen die Ampeln von selbst Grün zu zeigen – wobei dann niemand wirklich weiß, ob nicht vielleicht vor Stunden mal ein gelangweilter Passant im Vorbeigehen den Knopf gedrückt hatte. Nur 24 Prozent der Briten glauben, dass es wirklich immer einen Effekt hat, ihn zu drücken.

Viel wichtiger aber: Es ist in England nicht wirklich verboten, bei Rot über die Ampel zu gehen. Der Highway Code, der die wichtigsten Regeln für das Zusammenleben auf der Straße beinhaltet und der vor Gericht als bindend angesehen wird, spart diesen Punkt aus. Es ist zwar verboten, an einer Fußgängerampel zu parken, dort ein Auto zu überholen und eine Menge mehr, das in erster Linie Autofahrer betrifft. Nicht aber »Jaywalking«, wie das Überqueren einer Straße als Fußgänger außerhalb speziell dafür vorgesehener Bereiche genannt wird. Selbst Polizisten tun es.

Entsprechend gering ist die Hemmschwelle an Zebrastreifen. Wo man in manch anderem Land Tage auf ein anhaltendes Auto warten müsste, können Fußgänger in England einfach drauf losmarschieren. Denn das wiederum sagt der Highway Code: Hat ein Fußgänger seinen Fuß auf der Fahrbahn, so hat er stets Vorrang. Wer genau hinsieht, merkt, dass Autofahrer in England peinlichst genau darauf achten, dass Fußgänger wirklich mit beiden Füßen wieder auf dem Gehweg stehen, bevor sie anfahren. Wird ein Vergehen in England tatsächlich offiziell geahndet, so ist das Bußgeld dafür in der Regel auch überdurchschnittlich hoch. Wie übrigens auch bei Rotlichtverstößen von Autofahrern, die mit Verkehrskameras gezielt zur Verantwortung gezogen werden. Mehr dazu im weiteren Verlauf dieses Buches.

Die erste Ampel der Welt stand übrigens 1868 ausgerechnet in London vor dem Parlament. Sie glich damals mehr einem Eisenbahnsignal und wurde mit Gas betrieben. Nur wenige Wochen nach Inbetriebnahme explodierte sie. Ernst genommen hatte sie wahrscheinlich ohnehin niemand.

ENGLÄNDER BESCHWEREN SICH NIE

Eigentlich ist es ja eine durchaus angenehme Eigenschaft, auch das größte Leid still über sich ergehen zu lassen. Mahatma Gandhi galt als so jemand, Mutter Teresa ebenfalls, und dem Dalai Lama wird dies ohnehin zugeschrieben. Nun sind es vielleicht nicht die großen Taten der Weltgeschichte und der Menschenrechte, die England Tag für Tag beschäftigen, und gegen die sie mit einer beneidenswerten Art der demonstrativen Zurückhaltung ankämpfen. Aber es sind die kleinen Leiden im menschlichen Alltag.

Das viel zu kalte Essen in einem Restaurant? Wird klaglos hingenommen – schließlich kann der Koch private Probleme gehabt haben. Oder ist es nicht vielleicht der neuste Schrei aus Frankreich, ein Dinner nicht mehr kochend heiß zu servieren? Die schmutzige Socke im Hotelzimmer, die nicht von einem selbst stammt? Mein Gott, das Reinigungspersonal wird wahrscheinlich zeitlich so sehr unter Druck sein, dass das schon mal passieren kann. Die Maus, die im Supermarkt über den Boden läuft? Es ist schließlich eine Großstadt. Aber der Fisch, den man dort gerade gekauft und der offensichtlich das Haltbarkeitsdatum mehr als überschritten hat? Ach herrje, da hat man wohl selbst nicht aufgepasst ...

Bis sich ein Engländer beschwert, müssen große Dinge passieren. Da muss die Regierung Gewerkschaften unter Druck setzen, wie es Margaret Thatcher einst getan hat. Da muss der Briten liebstes Mitglied des Königshauses verunglücken und das Königshaus selbst kein Wort dazu sagen, bis das Volk beginnt zu rumoren. Beschweren, das ist nichts, womit ein Engländer auffallen möchte. Denn dafür ist man einfach zu höflich.

Beschweren ist in England derart wenig ausgeprägt, dass die *Huffington Post* vor einigen Jahren sogar einmal einen Leitfaden zusammengestellt hat, wie man es korrekt in Angriff nimmt. Das Meinungsforschungsinstitut YouGov untersuchte 2017, wie viele Briten damit ein Problem hätten, in einem Restaurant ihr Essen zurückgehen zu lassen, wenn etwa eine Fliege darin schwimme oder ein anderes Problem damit aufträte. Nur 23 Prozent der Befragten gaben an, sich ohne Gewissensbisse darüber zu beschweren. Mehr als ein Drittel erklärte sogar, Essen nie oder äußerst selten in einem solchen Fall zurückgehen zu lassen.

Ein bisschen verdeutlicht dies vielleicht auch die relative Entspannung, die lange Zeit in der Brexit-Frage herrschte: Auch der letzte Engländer hatte nach dem Referendum 2016 mitbekommen, dass das »Leave«-Lager, das für einen Austritt aus der Europäischen Union eintrat, massiv mit falschen Zahlen operiert hatte, Versprechungen im Nachhinein relativierte oder gar ganz zurückzog. Und selbst die millionenweise Manipulation durch gefälschte Beiträge in sozialen Medien sowie die gravierende Überschreitung der Wahlkampfmittel im Anti-EU-Lager waren längst aufgedeckt. In vielen anderen Staaten hätten sich angesichts dieser Verfehlungen und Täuschungen Massen zusammengefunden, um mit Fackeln oder Gelbwesten nach Westminster zu ziehen. In England aber kam es nur zu einigen großen Demonstrationen mit wenig Nachwirkungen, da sich sämtliche Unterhausabgeordnete, die etwas hätten ändern können, in diesen Wochen ständig fernab der Öffentlichkeit im Parlament aufhielten. Es machte sich in all den Jahren eher eine typisch zurückhaltende Stimmung breit: Nun lasst uns mal nicht beschweren, sondern den Sack zumachen. Ist zwar doof, aber ja nun auch nicht zu ändern.

Mancher Europäer wünschte sich, es wären in all den Jahren der EU-Mitgliedschaft ähnlich gelassene Töne aus London gekommen.

ENGLÄNDER LIEBEN ES MORGENS DEFTIG

Englische Freunde versuchen stets, zu beschwichtigen: Selbstverständlich würden sie nicht jeden Morgen ein volles englisches Frühstück verspeisen, das neben Toast, Rührei und Schinkenspeck auch gebackene Bohnen, kleine Kartoffelpuffer und Würstchen umfasst. Wenn man sie dann aber mal zum Frühstück trifft, sind sie die ersten, die sich den Teller mit ebendiesen Dingen randvoll stapeln.

Das »Full English Breakfast«, wie es so schön auf den Speisekarten Englands steht, ist ein Phänomen. Niemand kann sich im Ernst danach sehnen, unmittelbar nach dem Aufstehen 1.000 Kalorien und mehr zu sich zu nehmen, das Ganze in der fetthaltigsten Variante, die um diese Uhrzeit möglich ist. Doch jeder isst genau dies. Wenn vielleicht auch nicht jeden Tag zu Hause, dann zumindest in Restaurants, Hotels und im Bed & Breakfast auf Reisen. Das Full English Breakfast ist ein Stück britischer Kultur. Ungefähr so wie das Königshaus und James Bond. Manche sagen auch, es sei trotz aller Bemühungen nicht totzukriegen. »Full« heißt es wahrscheinlich nur, weil man sich nach dem Genuss eines solchen Frühstücks genau so fühlt.

Die Popularität dieser Mahlzeit ist umso erstaunlicher, betrachtet man die weitere Entwicklung der britischen Essgewohnheiten. Regionale Produkte sind für viele Engländer heutzutage ganz wichtig, sie treiben Sport und essen viel Obst und Gemüse. Nährwertampeln kleben auf vielen Verpackungen – sie zeigen anhand von Farben zwischen Grün und Rot an, wie ungesund ein Produkt ist und weshalb. Das ist eigentlich längst auch am Frühstücksbuffet angekommen: frisches Obst, Joghurt, Vollkornbrot, manchmal sogar Smoothies – viele Restaurants und Hotels haben sich auf ein verändertes Gesundheitsbewusstsein eingestellt. Aber wo stehen Engländer bis heute beharrlich Schlange? Nicht am Obstsalat oder dem Vollkornbrot. Sie stehen am warmen Buffet mit Eiern, Bohnen, Schinkenspeck und Würstchen.

Vielleicht liegt auch dies, wie so vieles auf der Insel, in der Tradition begründet. Die English Breakfast Society datiert die Geschichte des englischen Frühstücks auf das 13. Jahrhundert zurück. Damals sei es in den Landhäusern des britischen Adels entstanden, der das Frühstück als die wichtigste Mahlzeit des Tages betrachtet habe. Mehr noch: als ein gesellschaftliches Ereignis. Der Frühstückstisch schien damals die perfekte Gelegenheit für Grundbesitzer zu sein, ihren Reichtum in Form der Qualität von Fleisch, Gemüse und anderen Zutaten zu zeigen. Nur arme Menschen frühstückten einfach. Wer etwas auf sich hielt, fuhr alles auf, das zu haben war.

Im viktorianischen Zeitalter kam das Frühstück auch in der Mittelschicht an – dort wurde es als sinnvoll angesehen, vor Beginn des Tages ein komplettes Frühstück zu sich zu nehmen, das einer damals immer mobiler werdenden Belegschaft die Energie für einen ganzen Arbeitstag gab. Nach dem Zweiten Weltkrieg kam das Full English Breakfast schließlich auch in der Arbeiterklasse an. Zunehmender Wohlstand führte dazu, dass sich jeder etwas leisten wollte – und sei es auch nur ein üppiges Frühstück.

Heute scheint man es nicht mehr wegzubekommen – übrigens nicht nur in Großbritannien. Überall, wo die Briten irgendwann im Laufe der Jahrhunderte einmal geherrscht haben, hinterließen sie es. In den USA, Australien, selbst in Hongkong und Indien stößt man mitunter darauf. Unabhängigkeit hin oder her: Beim Frühstück blieben alle gern »full English«.

Harte Fakten

Im Kern ist das Full English Breakfast eine urbritische Angelegenheit – doch in den Ausprägungen gibt es regionale Unterschiede. Zum Standard gehören Schinkenspeck, Eier, Würstchen, Pilze, gebackene Bohnen, Toast und gegrillte Tomaten. Es trägt auch den Namen »Full Monty«, weil der britische Armeegeneral Bernard Montgomery (Spitzname Monty) angeblich während des Einsatzes in Nordafrika jeden Tag mit einem solchen kompletten Frühstück begonnen haben soll. In Cornwall gehören traditionell noch kornische Kartoffelkuchen sowie Hering oder Sardinen dazu. In Irland gibt es Blutwurst und Sodabrot als Ergänzung, während man in Schottland neben der Blutwurst auch Haggis und Haferkuchen serviert. Waliser bevorzugen eher lokale Zutaten: Meeresalgenpüree und Herzmuscheln.

ENGLÄNDER NUSCHELN SICH DURCHS LAND

Englisch ist gar nicht so schwer – sollte man meinen. One, two, three sind eins, zwei und drei. Es gibt grammatikalisch keine Unterscheidung zwischen »du« und »Sie«, was im Leben sowieso vieles vereinfacht. Und so manches Wort ist schlichtweg identisch mit dem Deutschen – Finger, Experiment, selbst das Hinterland heißt im Englischen genauso. Aber dann steht man zum ersten Mal in Leicester und ist auf der Suche nach Worcester-Soße, weil man sie in Edinburgh nicht bekommen hat, und staunt, weil einen niemand versteht. Dabei hielt man sein eigenes Englisch doch immer für äußerst respektabel!

Doch die Tücke liegt, wie so oft, im Detail. Leicester wird auf Englisch nicht »Laitschäster« ausgesprochen, wie man aufgrund der Schreibweise vermuten könnte, und Worcester auch nicht »Wortschäster«. Und dass Edinburgh nicht »Ädingbörg« ist, hat sich ja inzwischen fast schon herumgesprochen. Leicester ist »Läster«, Worcester wird »Wusta« ausgesprochen und für das korrekte Edinburgh rollt man hinten am besten eine Runde das »R«, sodass ein »Ädinborro« dabei herauskommt. Und das sind bei weitem nicht die einzigen Sonderfälle in der englischen Sprache.

Vor allem bei Städtenamen haben sich die Briten jede Menge Besonderheiten ausgedacht. Da gibt es unter anderem noch Norwich (»Norritsch«, nicht »Norwitsch«), Bicester (»Bista«, nicht »Bitschästa«), Greenwich (»Gränitsch«, nicht »Grienwitsch«), Reading (»Rädding«, nicht »Rieding«) und Gloucester (»Glosta«, nicht »Glotschästa«). Das Problem ist alt – und mitunter nicht nur für Ortsfremde schwer zu durchschauen. Denn ein wirkliches System dieser Sonderfälle gibt es nicht. Für eine Sprach-App hat ein Team von Linguisten 2019 eine Top 10 der am häufigsten falsch ausgesprochenen britischen Städtenamen erstellt. Auf Platz eins landete dabei Frome. Die Kleinstadt südlich von Bath wurde von der *Times* mal als einer der lebenswertesten Orte im Land gekürt. Aber wie man ihn ausspricht, wissen die Wenigsten – nämlich »Fruhm« und nicht »Froum«.

An anderer Stelle machen sich Stadtverwaltungen ernsthaft Gedanken darüber, wie weit man es mit dem Hang zur Nostalgie treiben sollte. Babergh, ein 90.000-Einwohner-Bezirk in Suffolk, erwog 2019 sogar, sich umzubenennen. Die Gegend, so ein Sprecher gegenüber der BBC, leide nicht nur darunter, dass viele gar nicht wüssten, wo sie liege. Kaum weniger scheitern auch daran, sie auszusprechen. Denn wer nach »Bäibörg« fragt, wird womöglich nie ankommen. Die Stadt spricht sich »Bäiber« aus. Vielleicht aber auch bald ganz anders: »South Suffolk Council« lautet der Vorschlag für die Umbenennung. Wenn das Schule macht, könnte Englisch tatsächlich irgendwann gar nicht mehr so schwer sein ...

Harte Fakten

Aussprache ist eine Sache, Abkürzungen sind noch eine andere: Engländer lieben sie. Der Geldautomat ist schlicht der »ATM« (für »automated teller machine«), das Trinkgeld »Tip« (»to insure promptness«), ein Frühstück kann auch mal das »Brekki« sein statt des »Breakfast«. Und auch vor Städtenamen macht der Abkürzungswahn nicht halt: Birmingham ist häufig einfach nur »B'ham«, Nottingham »N'ham« und aus Newcastle wird manchmal auch nur »N'castle«.

ENGLÄNDER WOLLEN SICH NICHT AUSWEISEN

Wie oft mussten Sie in den vergangenen Wochen Ihren Personalweis zeigen? In der Bank wegen irgendwelcher Zahlungsgeschäfte? Bei der Post, um ein Paket abzuholen? Beim Einsatz Ihrer EC-Karte, weil es das Geschäft nach mehreren Betrugsfällen so festgelegt hat? In Großbritannien werden Ausweise verlangt, was das Zeug hält – das Problem ist nur: Briten besitzen gar keine. Wenn zu jung aussehende Menschen in der Disco um Einlass bitten, zücken sie ihren Führerschein. Wenn die Post einen Ausweis sehen will, bittet sie in der Regel um »irgendeine Form eines Lichtbildausweises« – Führerschein, Reisepass, Studentenkarte, ganz egal. Hauptsache, derjenige, der vor einem steht, ist eindeutig zuzuordnen.

Der Mangel an Personalausweisen hat in Großbritannien einen einfachen Grund: Es gibt sie nicht. Es gibt, anders als in Deutschland, nicht mal ein Meldewesen. Wer von A nach B zieht, ist nicht verpflichtet, sich bei den Behörden umzumelden. Wer alle paar Jahre wählen gehen will, muss sich zuvor stets in ein Wahlregister eintragen lassen – sonst darf er am Wahltag seine Stimme nicht abgeben.

Die Labour-Regierung, traditionell den Errungenschaften des benachbarten Europas eher angetan als andere Parteien, wollte dieser Praxis 2008 ein Ende setzen und ein Melderegister ganz klassischer Art einführen. Der Protest aus der Bevölkerung war immens, und so entschied Downing Street, das Ganze zunächst erst einmal auf freiwilliger Basis zu starten – Personalausweise für jeden, der einen haben will. Die Regierung kam nicht weit damit: Bei den Parlamentswahlen 2010 verlor Labour die Mehrheit und die neue Koalition aus Konservativen und Liberaldemokraten hatte anfangs vor allem eines im Sinn: die unbeliebte Einführung der Personalausweise zu stoppen. Auf freiwilliger Basis hatte sich ohnehin kaum jemand dazu durchgerungen, deswegen einen Antrag zu stellen.

Warum nur? Das kann im Nachhinein niemand so genau erklären. Viele empörten sich damals über den Beginn eines Polizeistaates – allerdings ist Großbritannien längst eines der am besten überwachten Länder der Welt. Nirgends ist die Zahl der Kameras so hoch wie hier, die automatische Kennzeichenerkennung ist vor allem in London professionalisiert worden, bei Großveranstaltungen und Staatsereignissen werden die Mobiltelefone überwacht. Und dann soll es ausgerechnet das Meldewesen sein, das die Demokratie in Gefahr bringt?

Der Schlamassel fängt oft schon beim Mieten einer Wohnung oder dem Eröffnen eines Bankkontos an. Ohne ein Konto lässt sich in Großbritannien üblicherweise keine neue Wohnung mieten. Allerdings kann auch niemand ohne festen Wohnsitz ein Konto eröffnen. Als Beweis, dass man nicht obdachlos ist, verlangen viele Behörden und Banken offizielle Rechnungen, etwa vom Energieversorger oder einem Telefonanbieter. Das stellt vor allem Ausländer vor eine harte Probe, die nur übergangsweise für einige Monate in dem Land leben möchten – erst recht aber, wenn sie gedenken, ganz dorthin überzusiedeln. Denn ausländische Mietverträge oder Kontoauszüge werden beispielsweise nicht als Nachweis akzeptiert.

Makler verlangen ebenfalls Einblick in ein britisches Konto – denn eine Kreditauskunft wie die deutsche Schufa gibt es in Großbritannien nicht.

Vielleicht liegt die Panik der Briten vor einem Ausweis in der Geschichte begründet. Während des Zweiten Weltkrieges waren im Land flächendeckend solche Identitätsnachweise eingeführt worden. Erst nach einem Gerichtsprozess in den Fünfzigerjahren wurden sie eingestampft. Ausgerechnet die damals konservative Regierung hatte 1995 wieder mit der Debatte um eine Einführung begonnen – sie sah in ID Cards eine Möglichkeit, sozialen Missbrauch und illegale Einwanderung einzudämmen.

Eine Dame im Vereinigten Königreich kann über die ganze Debatte ohnehin nur lächeln: Das Staatsoberhaupt Queen Elizabeth II. besitzt wie jeder Monarch des Landes nicht einmal einen Reisepass – denn alle anderen sind ja schon in ihrem Namen ausgestellt worden.

Gut zu wissen

Als »Ausdruck unserer Unabhängigkeit und Souveränität« wollte die damalige Premierministerin Theresa May 2018 die vorgestellten neuen britischen Reisepässe verstehen. Blau sind sie seitdem wieder, so wie die Briten auch schon vor der Einführung des EU-einheitlichen Burgunderrots für Pässe um die Welt gereist waren. Den Zusatz »European Union« ließ die Regierung in vorauseilendem Gehorsam bereits von den Vorgängermodellen streichen, wohl wissend, dass ein Brexit zu diesem Zeitpunkt längst noch nicht ausgehandelt war. »Wir brauchen Europa nicht mehr«, das sollten die neuen Reisepässe für alle Briten deutlich machen. Allein: Die neuen britischen Pässe werden in der EU hergestellt. Die französisch-niederländische Firma Gemalto hatte eine entsprechende Ausschreibung der britischen Regierung gewonnen. Die verstand die Aufregung in den Medien um die skurrile Randnotiz im Europa-Streit nicht: Es sei bereits seit 2009 zulässig, Reisedokumente außerhalb Großbritanniens herzustellen, erklärte das Innenministerium, insofern seien schon längst viele britische Dokumente im Ausland produziert worden. Zudem spare der Steuerzahler durch den Einkauf in Frankreich rund 140 Millionen Euro – und dies offenbar bei besserer Qualität. In Brüssel zuckten viele ohnehin die Schultern: Blaue Pässe seien auch innerhalb der EU möglich, betonte die EU-Kommission sogleich. Denn die Farbe eines Reisepasses bleibe auch innerhalb des Staatenbundes eine nationale Angelegenheit.

ENGLÄNDER SIND DER NABEL DER WELT – GLAUBEN SIE

Selbstüberschätzung

Engländer haben es nicht leicht: Alles Bedeutende in der Welt scheint auf den ersten Blick irgendwie mit ihnen in Verbindung gebracht werden zu können. Das wichtigste europäische Finanzzentrum? London. Der größte Flughafen in Europa? Heathrow. Die Sprache, die die Welt spricht? Englisch. Die Eisenbahn? Entstanden in Nordengland. Das Telefon, der Sprudel, die geltenden Fußballregeln, die Konservendose? Alles englische Erfindungen. Und selbst das World Wide Web mag am Kernforschungszentrum CERN in der Schweiz entstanden sein. Aber wer hat's dort erfunden? Ein Engländer, Tim Berners-Lee.

Ohne England, so könnte man schnell vermuten, wäre die Welt heute eine andere. Schließlich ist da auch noch der Nullmeridian, der ausgerechnet durch Greenwich in London verläuft und den Briten bis heute gern als Namensgeber ihrer Zeitzone nutzen: Greenwich Mean Time. Eigentlich trägt diese Zeitzone seit 1972 den Namen Koordinierte Weltzeit. Doch das stört in Großbritannien niemanden – »hier beginnt die Zeit«, wirbt der Stadtteil Greenwich, und selbst Fernsehsender nutzen die Abkürzung »GMT«, wenn es um die Uhrzeit daheim im Vereinigten Königreich geht. Greenwich, das Zentrum der Erde? Vielleicht nicht ganz. Aber aus Sicht einiger Engländer ist ihr ganzes Land nicht viel weniger als der Nabel der Welt.

Das hat das Brexit-Referendum 2016 in beinahe karikierender Weise verdeutlicht. In der Argumentation der EU-Gegner um die beiden Populisten Nigel Farage und Boris Johnson sowie ihres verbissenen Vordenkers Dominic Cummings wurde nicht nur Stimmung gegen – wie sie es nannten – »Eindringlinge« gemacht und gegen die aus ihrer Sicht »überregulierten Vorschriften« aus Brüssel; all dies wurde stets von der immer selben Aussage begleitet: Allein können wir es eben doch besser.

Dass allein schon im Zuge der Brexit-Debatte das Pfund absackte, Unternehmen um Unternehmen Arbeitsplätze ins Ausland verlagerte, Einzelhandelsketten in den Innenstädten zeitweise beinahe in Serie

Insolvenz anmeldeten und so ziemlich jeder Wirtschaftswissenschaftler der Insel immer lauter vor den ökonomischen Gefahren eines Alleingangs warnte, verpuffte in der Wahrnehmung verbissener Europa-Gegner. »Wir sind doch das Empire«, hörte man Menschen vor Fernsehkameras schwärmen. Und so ein Weltreich soll ohne einen Club anderer Staaten verlieren können? Fast könnte man sagen, genau diesen Personen kam die Corona-Krise 2020 ein bisschen zugute: Durch sie konnte lange niemand mehr so recht einschätzen, ob eine Pleite nun am Brexit oder dem Lockdown lag. So oder so: Die britische Wirtschaft ging auch im Jahr der heißen Brexit-Verhandlungen rapide den Bach runter.

Der britische Germanist Nicholas Boyle erklärte 2017 im Interview mit der *Zeit*: »Ein Merkmal des Britischen Weltreichs war es für mehr als zwei Jahrhunderte, dass die Briten nicht dazu gezwungen waren, sich mit irgendjemandem auf Augenhöhe auszutauschen, insbesondere nicht mit anderen europäischen Mächten.« Ein amerikanischer General beobachtete bereits lange davor: »Die Briten werden nie in einem Club glücklich sein, in dem sie nicht das Sagen haben.« Und die von anderen Staaten gegründete EU konnte somit nie das sein, was Engländer für selbstverständlich halten: Eine Gemeinschaft unter ihrer Regie.

Das könnte ein bisschen mit dem Umstand zu tun haben, dass sich Briten nie so wirklich von der

Monarchie gelöst haben. Sicher, freie Wahlen gibt es seit Langem, wenn auch unter einem seit Jahrzehnten umstrittenen Wahlsystem, dem der Mehrheitswahl, bei dem jeder Wahlkreis einen einzigen klaren Sieger nach Westminster schickt, der prozentuale Anteil einer Partei am Gesamtergebnis aber unberücksichtigt bleibt. Aber der Monarch als Pro-forma-Staatsoberhaupt wird nie zur Diskussion gestellt. Eine Königin oder ein König scheint auf der Insel die einzige Person zu sein, die von jedem akzeptiert wird. Vielleicht, weil sie mit all ihren Traditionen und Bräuchen ohnehin ein bisschen aus der Welt gefallen scheint und in Wahrheit niemand mit dem Thron tauschen möchte.

Vielleicht liegt es aber auch an einem anderen Umstand: Der britische Monarch ist qua Amtes zugleich Staatsoberhaupt in 15 weiteren Ländern, darunter Australien, Neuseeland und Kanada. Das mag streng genommen nur auf dem Papier der Fall sein, doch bilden sich tatsächlich einige Engländer etwas auf diesen Umstand ein. Denn ihren Sitz hat die Königin oder der König trotz der weltweiten Posten ja schließlich in London. Muss eben doch der Nabel der Welt sein – sagen sie.

ENGLÄNDER MÖGEN SCHALES BIER

Am englischen Bier scheiden sich die Geister wie sonst nur an der Frage nach der Sinnhaftigkeit der Monarchie. Dabei gibt es eine einfache Regel, die einen vor dem Schlimmsten bewahrt: Wer einen Barkeeper in England am Rande der Erschöpfung dabei sieht, wie er einen langen stabähnlichen Hebel mühsam zu sich zieht, schaut am besten ganz schnell am anderen Ende des Tresens nach einer weiteren Biersorte. Mit diesen langen Hebeln wird Real Ale gezapft, das aus heutiger Sicht urenglischste aller Biere. Mühsam ist es für den Barkeeper, weil er es ohne Kohlensäure mit der Kraft seines Armes aus dem

Keller pumpen muss. Mühsam ist es aber auch für viele Gäste, die es anschließend im Glas haben: Real Ale wird traditionell bei Kellertemperatur gelagert und ist fertig serviert alles andere als prickelnd – ein lauwarmes, kohlensäurefreies alkoholisches Getränk, bestenfalls mit Spuren von Schaum. Das Schlimme ist: Es war über lange Zeit so ziemlich das einzige erhältliche Bier.

Nun muss man völlig ironiefrei einräumen, dass englisches Bier grundsätzlich toll ist. Aber echtes Ale – und hier ist nicht von den hippen, durchgekühlten, teilweise mit Stickstoff gezapften modernen Varianten die Rede, die die Craftbeer-Bewegung hervorgebracht hat – ist meist nicht viel mehr als eine Zumutung. Es ist schmutzig-braun wie ein viel zu dünner Kaffee und leicht bitter, in etwa so wie ein viel zu schlechter Kaffee. Nur ohne Kaffeearoma. Und dazu hat es die Temperatur einer viel zu warm gelagerten Cola. Es gibt Menschen, die sehnen sich nach Eiswürfeln, wenn sie ein Glas Real Ale vor sich haben.

Das sahen vor Jahren offenbar auch immer mehr Briten so und wechselten seit den Achtziger- und Neunzigerjahren reihenweise zum Lagerbier. Das allerdings boten britische Brauereien damals kaum selbst an, sondern es wurde importiert oder bestenfalls unter Lizenz internationaler Großkonzerne gebraut. Mit weitreichenden Folgen: Der Umsatz im Pub kam zunehmend belgischen, französischen und niederländischen

Großkonzernen zugute. Kleinere englische Brauereien gerieten in Existenznöte, die Hebel fürs Real Ale wurden kaum noch bewegt, die Hähne mitunter gleich ganz abgebaut.

Die Campaign for Real Ale (CAMRA) sollte dem Einhalt gebieten. Vier Biertrinker aus Irland hatten sie bereits 1971 gegründet mit dem Ziel, echtes Ale vor dem Aussterben zu bewahren. Und sie schafften es tatsächlich. Es gibt die Kampagne, wie das Bier, bis heute, und sie gilt inzwischen als eine der erfolgreichsten Verbrauchervereinigungen Großbritanniens. 190.000 Mitglieder zählt CAMRA heute, der von ihr seit Jahrzehnten verlegte Good Beer Guide, eine Art Pub-Verzeichnis für das ganze Land, gilt längst als das jährliche Standardwerk wahrer Bierenthusiasten.

Und das Real Ale? Das wurde in mehreren Rettungsversuchen ausgerechnet kurz vor dem Ableben wiederbelebt. Es wird heute gezielt mit einzelnen Regionen vermarktet – Cornwall, Kent oder Yorkshire etwa –, ist dadurch wieder irgendwie trendy geworden, und kann vor allem mit einem punkten: einem deutlich niedrigeren Preis als Lagerbiere. Für teilweise zwei Pfund oder wenig mehr gibt es das Pint, das hat in Zeiten der Wirtschaftskrisen unter anderem die ärmere Bevölkerung wieder an den Stabhahn zurückgebracht.

Die ansonsten eher durch Niedriglöhne, Anti-EU-Sprüche und Corona-Kleinrederei bekannte Pub-Kette JD Wetherspoon legte sich sogar richtig ins Zeug: Sie holte in ihren Pubs dauerhaft regionale Ales an die Hähne und veranstaltet jährliche Bierfestivals mit noch mehr Sorten und noch weniger Schaum. Nicht ganz ohne Hintergedanken: Ihr Chef wurde während der Brexit-Kampagne dadurch bekannt, dass er in Talkshows Stimmung gegen Europa machte. 2019 kündigte er vollmundig an, alle Waren aus der EU aus seinen Pubs verbannen zu wollen, um sie durch einheimische Produkte zu ersetzen. Seine Kampagne für das Real Ale kam ihm da gerade recht.

Aber

Wie überall, so sind auch in Großbritannien in den vergangenen Jahren etliche Craftbeer-Brauereien entstanden. Teilweise vertreiben sie ihre Produkte vor Ort in Brauerei-Pubs, mitunter aber auch landesweit in Supermärkten und Pubs – etwa Camden und Meantime aus London sowie Brewdog aus Schottland. Sie alle arbeiten nach einem ähnlichen Prinzip: Sie nehmen alte Bierrezepte und modernisieren sie – etwa, indem sie statt europäischem Hopfen solchen aus den USA oder Ozeanien zum Brauen nutzen, vor allem aber durch einen Unterschied zu den traditionellen Herstellern: Fast immer sind die Biere gekühlt und mit Kohlensäure oder Stickstoff gezapft. Ganz nebenbei schaffte die Craftbeer-Bewegung noch etwas anderes: Sie belebte auch das alkoholfreie Bier wieder. Heute gehört es zum guten Ton einer Brauerei, mindestens eine Sorte für Autofahrer im Programm zu haben. Immer seltener sind es Pils- oder Lagerbiere, alkoholfreie Varianten sind heute vielmehr Ales.

ENGLÄNDER LIEBEN ES ANSPRUCHSLOS

Stellen Sie sich einmal folgende Situation vor: Eine Boulevardzeitung schaltet sich in den Wahlkampf ein. Am Tag der Stimmabgabe räumt sie ihre Titelseite nahezu frei, um dort in großen Buchstaben zu schreiben: »Wenn Kinnock heute gewinnt, könnte bitte der Letzte, der das Land verlässt, das Licht ausmachen?« In der Nacht ist klar: Neil Kinnock, 1992 Spitzenkandidat der Labour-Partei, erreicht nicht die ihm zuvor in Umfragen prognostizierte leichte Mehrheit – die Konservativen gewinnen überraschend. Am nächsten Tag titelt dieselbe Boulevardzeitung in ebenso großen Lettern wie zum Wahltag: »Wir waren es, die gewonnen haben!« So geschehen im England der frühen Neunzigerjahre.

Wahlempfehlungen sind in Großbritannien nichts Ungewöhnliches. Üblicherweise aber wird diese Tradition in Form eines sauber argumentierten Leitartikels in den Tagen vor der Wahl gepflegt. Da Tageszeitungen auf der Insel ohnehin jeweils den Ruf haben, einem der großen politischen Lager zugeneigt zu sein und dies auch während des gesamten Jahres hier und da durch Themenauswahl und Kommentierung durchscheinen lassen, sind diese Empfehlungen meist nicht sonderlich überraschend. Und meist treffen sie dementsprechend auch den Nerv ihrer Leser. Dass aber ein Boulevardblatt am Kiosk offensiv – mehr oder weniger ohne jegliches Argument – für einen Kandidaten wirbt, war 1992 eine neue Qualität der medialen Einflussnahme.

Es war nicht die letzte dieser Art.

The Sun, das mit rund 1,3 Millionen Exemplaren noch immer auflagenstärkste Printmedium des Vereinigten Königreichs, war das Blatt, das Kinnock 1992 mit seiner Schlagzeile womöglich den Einzug in die Downing Street verwehrt hatte. Es gehört dem Konzern des australischen Medienmoguls Rupert Murdoch, der später auch durch den Abhörskandal eines seiner weiteren britischen Blätter in die Schlagzeilen geriet. *News of the World*, eine Sonntagszeitung, die in puncto Seriosität selbst die *Sun* unterbot, hatte die

Mobilboxen mehrerer Tausend prominenter Persönlichkeiten und Politiker abgehört. Dieser bis dahin größte Medienskandal in der britischen Geschichte führte nicht nur zu einem Untersuchungsausschuss und mehreren Festnahmen. Er beendete auch die fast 168-jährige Geschichte der *News of the World*, zum Zeitpunkt der Einstellung im Juli 2011 mit 2,6 Millionen Exemplaren die größte Sonntagzeitung des Landes. Murdoch machte sie von heute auf morgen dicht, offenbar, um größeren Schaden von seinem Konzern abzuwenden.

Wie kann die größte Sonntagzeitung des Landes ausgerechnet ein Boulevardblatt sein, dessen seriösester Inhalt in der Regel die Bilder leicht bekleideter junger Damen war, weil es dort auf wenigen Zeilen nicht viel Raum für wesentliche Falschinformationen gab? Die Antwort ist so simpel wie dramatisch: Engländer lieben – trotz aller Kultur im Land – billigen Journalismus. Regionalzeitungen spielten auf der Insel selten eine bedeutende Rolle und Abonnements wie in anderen Ländern gibt es bei überregionalen Zeitungen in England nicht. Insofern konzentriert sich der Medienmarkt seit Jahrzehnten auf ein Bündel an überregionalen Medien, ein halbes Dutzend davon Boulevardblätter, die vom Norden Schottlands bis zur Isle of Wight täglich am Kiosk um Auflage kämpfen müssen. Zumindest die Zahlen sprechen eine klare Sprache: An der Spitze stehen ausschließlich Boulevardmedien mit einer Auflage von zusammen knapp 4 Millionen Exemplaren – während seriöse Tageszeitungen wie die *Financial Times* (168.000 Exemplare) oder der *Guardian* (126.000 Exemplare) das Ende der Rangliste bilden. Daraus lässt sich eigentlich nur eines schließen: Engländer mögen keine Hintergrundinformationen, keine Wahrheiten, keinen ausgewogenen Journalismus. Sie stehen auf schreiende Meldungen, auf schlichte Meinungen, auf kurze Texte, selbst wenn diese inhaltlich so fragwürdig sind, dass sie immer wieder Gegendarstellungen nach sich ziehen.

Das ist im Grunde kein urbritisches Phänomen. Es ist aber gerade hier umso schwerer nachvollziehbar. Das Land verfügt mit der BBC über die wohl seriöseste Rundfunk- und Fernsehanstalt der Welt, deren weltweites Korrespondentennetz einzigartig ist und deren Sender durch eine umfangreiche Diversifizierung auch den entferntesten Randgeschmack bedient. Wenn irgendwo auf der Welt etwas passiert, ist die BBC vor Ort. Sie schickt innerhalb von Stunden Journalisten in die einsamsten Ecken der Welt, nur um von dort live zu berichten. Sie klärt auf, gibt Hintergründe und bietet Interviewsendungen, in denen auch ranghöchste Politiker gegrillt werden, bis sie ins Stottern geraten. Dennoch greifen Engländer lieber zu Boulevardmedien, sie hören private Rundfunksender, in denen Musik ohne jegliche Information in Dauerschleife gespielt wird, und sie zappen bestenfalls zwischen dem privaten Sky Sport und anderen Nischenprogrammen hin und her. Engländer wollen sich ganz offensichtlich nicht mit tiefergehenden Informationen aufhalten.

Das Ganze setzt sich im Fernsehen fort. Mit Sky hat Rupert Murdoch ein Netz von Bezahlfernsehsendern aufgebaut, deren Hauptcharakteristikum wie bei seinen Zeitungen nicht gerade die Seriosität darstellt. Der Nachrichtensender Sky News etwa setzt meist eher auf leichte Kost oder spektakuläre Ereignisse, während die Nachrichtensender der BBC irgendwo in die Welt blicken. Vor allem durch seine Sportsender aber steht Sky – ähnlich wie in Deutschland – in der Gunst der Zuschauer weit oben.

Harte Fakten

Der Brexit-Wahlkampf 2016 hat die Grenzen des Journalismus aufgezeigt. Der rote Werbebus der »Leave«-Kampagne rollte damals mit einer Aussage durchs Land, die fast täglich in seriösen Medien widerlegt worden war – »Wir schicken der EU jede Woche 350 Millionen Pfund«, war dort in riesigen Buchstaben auf Englisch zu lesen. Allein, die Zahl stimmt nicht. Jedem Wahlkämpfer des »Leave«-Lagers wurde dies immer wieder vorgehalten, die BBC startete sogar eine Aufklärungsserie, um Falschaussagen zu entlarven. Doch bis zum Wahltag rollte der Bus durchs Land und Prominente EU-Kritiker wie Boris Johnson oder Nigel Farage ließen sich mit Vorliebe davor fotografieren. Die EU-Befürworter, die in ihrer eher bodenständig konzipierten Kampagne kaum mehr gegen die Propagandalügen aus dem Gegenlager ankamen, erhielten am Wahltag die Quittung. Sie unterlagen knapp. Heute weiß man: Der Bus mag das deutlichste Symbol gewesen sein. Die Effizienz der »Leave«-Kampagne kam aber durch einen millionenschweren Wahlkampf im Internet zustande. Massiv streuten die Wahlkämpfer damals ihre EU-kritischen Falschaussagen über soziale Medien. Und den boulevardverwöhnten Briten genügten die kurzen Slogans bei Facebook & Co. Der finanzielle Umfang der Kampagne lag, wie sich später herausstellte, sogar deutlich über dem rechtlich eingeräumten Rahmen, weshalb die Leave-Kampagne im Nachhinein zur Rechenschaft gezogen wurde. Am Wahlausgang änderte diese Erkenntnis jedoch nichts mehr.

ENGLÄNDER SIND SÜCHTIG NACH OUTDOOR-ESSEN

13
Picknick

Wenn Engländer ins Grüne fahren oder auf ein Festival gehen, dann tun sie das mit großem Gepäck. Einmal im Jahr etwa treffen sie sich zur »Proms in the Park« im Londoner Hyde Park, die mal geschaffen wurde, um dem Ansturm auf die »Last Night of the Proms« in der benachbarten Royal Albert Hall etwas abzumildern. Gut 20.000 Londoner kommen hier im Freien zusammen, um das Konzert auf großen Monitorwänden zu verfolgen und vorher noch ein paar andere Live-Acts auf der Bühne zu verfolgen. Das klingt nach einem normalen Konzert – ist es aber nicht. Besucher schlagen dort mit Campingstühlen auf, mit Picknickkorb und sogar mit Bier und Wein. Denn selbst überschaubare Mengen Alkohol dürfen mit auf das Gelände gebracht werden, obwohl es dort eigentlich alles gibt – von Bars über Imbissbuden bis zum Crêpe-Stand. Wenn der Engländer aber ausgeht, dann will er es auch gemütlich haben. Nicht nur zur »Last Night of the Proms«, sondern das ganze Jahr über.

Die »Bristol Balloon Fiesta« ist ein ganz ähnlicher Fall. Einmal im Jahr, immer im August, ziehen Scharen von Einwohnern der südenglischen Hafenstadt zu einem Park etwas außerhalb, um das größte Heißluftballonfestival Europas zu sehen. Da das bis auf einige wenige Programmpunkte – den Start der Ballons oder deren nächtliches Beleuchten – für viele eher mäßig spannend ist, machen die Bristolians das Beste daraus: Sie picknicken. Campingstuhl, Picknickkorb, fertig ist die Laube. Manche verbringen auf diese Weise einen ganzen Tag dort oben. Und kommen am nächsten Tag wieder.

Nun ist das Picknick alles andere als eine englische Erfindung, denn das gab es bereits in der Antike und vermutlich sogar davor. Doch die Engländer haben es perfektioniert und es zu so etwas wie ihrem Kulturgut gemacht.

Queen Victoria galt als eine große Freundin von Mahlzeiten im Freien. Und zu ihrer Zeit, dem 19. Jahrhundert, schwappten Eigenarten des Königshauses früher oder später meist aufs Volk über. Erst war es die Oberklasse, die es der Königin gleichtat und fortan im Freien zu speisen gedachte; dann überlegten sich auch die Arbeiter: wieso eigentlich nicht? Kostet ja schließlich nicht viel. Es dauerte nicht lang, da wurde auch der Picknickkorb geboren, der das Essen im Freien so schön praktisch machte. Das Essen selbst kam hinein, aber auch Geschirr und Besteck, außerdem eine Decke. Bis heute verkaufen selbst edle Londoner Kaufhäuser Picknickkörbe.

Es gibt in jedem halbwegs größeren englischen Ort Beispiele für Festivalpicknicks, und selbst auf dem Dorf ist das Essen im Freien längst nicht ausgestorben. Was Queen Victoria im 19. Jahrhundert guttat, meinen viele, das kann auch heutzutage so schlecht nicht sein. An Feiertagen, Wochenenden, bei Sonne und der geringsten Aussicht auf Sonne, an der Küste oder in den Bergen – gegen ein Picknick spricht für Engländer selten etwas. Ländliche Pubs, die über keine eigene Küche verfügen, haben sich sogar bewusst darauf eingestellt. Hier dürfen Gäste ihr eigenes Essen mitbringen, sofern sie im Pub ihre Getränke kaufen. Meist gibt es dafür dann sogar eine ganze Reihe an Außenplätzen.

Picknick ist so populär wie nie. Der Umfrage eines britischen Margarineherstellers zufolge hat es sich aber weiterentwickelt. Dreiviertel der Befragten hielten das moderne Picknick für besser als je zuvor.

Heutzutage enthält es teuren Schinken wie Serrano oder Parma (27 Prozent der Angaben), Hummus (24 Prozent) und auch Oliven (20 Prozent) und mitunter Roastbeef (14 Prozent). Wichtig ist vielen Briten vor allem Hausgemachtes. 25 Prozent der Befragten gaben an, Sandwiches aus selbstgebackenem Brot zubereitet zu haben, außerdem Kuchen und Gebäck selbst gebacken zu haben. Der durchschnittliche Brite gibt bei einem Picknick 30 Pfund fürs Essen aus und investiert 53 Minuten in die Zubereitung. 60 Prozent der Befragten gaben an, in den vergangenen Sommermonaten bewusst Anstrengungen unternommen zu haben, um ihre Picknicks zu verbessern. Bei Sonnenschein schmeckt das Essen nach Ansicht von 46 Prozent der Briten besser, während es im Freien für 37 Prozent leckerer ist.

Einen Wermutstropfen gibt es: 2019 untersuchten Wissenschaftler 555 Fingerfood-Produkte aus britischen Supermärkten, die üblicherweise für Picknicks gekauft werden – manche Läden haben sich auf solche Arten des Essens spezialisiert und bieten ganze Kühlregale voll Sushi, Sandwiches, Salaten und Quiches. Das Ergebnis: Viele dieser Produkte wiesen einen sehr hohen Salzgehalt auf, wobei jedes Vierte sogar ein rotes Etikett auf der Vorderseite der Packung erhalten müsste. Mit der Food-Ampel werden in Großbritannien unter anderem die Anteile an Zucker, Fett und Salz in Produkten gekennzeichnet.

Eine Umfrage, das Salz in der Suppe einer ganzen Nation? Von Zahlen lassen sich Engländer so schnell nicht beeindrucken. Zumindest nicht, wenn es ums Picknick geht.

ENGLÄNDER SIND KÖNIGSTREU

14

Monarchie

Queen Elizabeth II. verfügt über Reichtümer, von denen kaum jemand etwas ahnt. Sicher, sie besitzt ein paar Schlösser, einen Bentley, jede Menge Juwelen und Kronen, offenbar ein paar Tausend Handtaschen – zumindest, wenn man die Zahl derer zählt, mit denen sie im Laufe der Jahre in Erscheinung getreten ist. Aber ihr gehört noch mehr: Zum Beispiel besitzt sie sämtliche Schwäne im Vereinigten Königreich. So will es ein uraltes Gesetz. Ein anderes vermacht ihr außerdem alle Wale, Delfine und Störe in britischen Gewässern. Unwahr ist hingegen, dass ihr alle Corgis im Land gehören. Sie besaß im Laufe ihres Lebens lediglich um die 30 von diesen walisischen Hunden.

Engländer lieben ihre Königin. Das heißt nicht, dass sie etwa alle ein Bild von ihr an der Wand hängen hätten. Es ist mehr eine tiefe innere Zuneigung. Wenn ein Mitglied des Königshauses heiratet, dann pilgern sie zu Hunderttausenden zur Kirche. Bei der Hochzeit von Prinz Harry und Meghan Markle 2018 legten Schaulustige auf diese Weise weite Teile von Windsor lahm. Als die beiden zwei Jahre später ihren Umzug nach Kanada breit in der Öffentlichkeit diskutierten, schwappte eine Welle der Empörung durch das Königreich. Wenn ein royales Kind geboren wird, dann stehen Engländer beharrlich über Tage vor dem Krankenhaus und warten drauf, dass der Nachwuchs erstmals öffentlich präsentiert wird. Die Geburtstage der Königin sind regelrechte Volksfeste, auch wenn sie ihn stets im Sommer nachfeiert. Wenn die größte Konzertreihe des Landes, die Proms, Jahr für Jahr in der Royal Albert Hall beendet wird, dann wird dort *God Save the Queen* gesungen. Wenn ein Skandälchen das Königshaus erschüttert, weil etwa jemand aus der zweiten Reihe mal wieder über die Stränge geschlagen hat, dann ist das Volk entsetzt. Engländer sind zu einhundert Prozent Royalisten – selbst wenn sie das nie zugeben würden.

Das ist vermutlich der Grund dafür, dass die Monarchie, wenn auch in sehr demokratischer Form, bis heute Bestand hat. Das Konterfei der Queen prangt auf Geldmünzen, Banknoten und etlichen Briefmarken. Jeder Briefkasten trägt die Initialen jenes Monarchen, zu dessen Zeiten er aufgestellt wurde. Die ganze britische Post ist nicht nur irgendeine Post, es ist die »Royal Mail«. Wenn irgendwann irgendwo ein Mitglied des Königshauses irgendetwas eröffnet, besucht oder bauen lässt, dann sehen das noch Generationen nach uns, weil stets eine Plakette folgt, die auf diesen Umstand hinweist.

Die jährliche Parlamentseröffnung, bei der der Monarch traditionell in Kostümfilmoutfit in Westminster vorfährt und vor den versammelten Abgeordneten das Regierungsprogramm verliest, würde in vielen anderen Ländern als absurd oder zumindest antiquiert angesehen. In Großbritannien übertragen alle großen Fernsehsender die Zeremonie und, noch extremer, viele Fernsehzuschauer sehen sie sich auch noch an. Ab und zu rüttelt mal eines der wenigen linksliberalen Blätter des Landes am Sinn der Monarchie. Doch bis heute hat niemand vermocht, sie zu stürzen.

Das zeigt sich auch am Sonderstatus, den der König oder die Königin bis heute genießt. Die Queen ist der einzige Mensch im Vereinigten Königreich, der ohne Pass reisen darf – denn alle anderen Pässe sind ja bereits in ihrem Namen ausgestellt. Sie müsste streng genommen keine Steuer zahlen, denn alle Bürger tun das ja im Gegenzug an ihren Staat.

Gleichwohl zahlt das Königshaus inzwischen freiwillig Steuern, wohl, um den Medien nicht noch mehr Stoff für kritische Geschichten zu bieten. Als einziges staatliches Organ muss die engere königliche Familie Medien keine Auskunft über irgendetwas geben. Eigentlich sind Staatsorgane in Großbritannien zur Auskunft verpflichtet. Die Queen, ihr Ehemann, ihre Kinder und Enkelkinder aber sind davon ausgenommen. Die Königin benötigt zum Autofahren keinen Führerschein und sie müsste sich nicht mal an die Geschwindigkeit halten. Das wichtigste aber: Die Queen genießt juristisch volle Immunität. Selbst wenn sie mal zu schnell fahren würde – belangen könnte man sie dafür nicht.

Das Meinungsforschungsinstitut YouGov hat 2018 die Königstreue der Briten untersucht. Das Ergebnis: 69 Prozent sind Monarchisten, nur 21 Prozent lehnen eine royale Familie ab. Je älter die Briten werden, umso königstreuer werden sie. Während sich 57 Prozent der 18- bis 24-Jährigen für ein Königshaus aussprachen, waren es 77 Prozent der über 55-Jährigen. Es gab in der Umfrage auch ein Ranking der beliebtesten Mitglieder der königlichen Familie. An erster Stelle landete mit 92 Prozent Zustimmung Queen Elizabeth II., gefolgt von Prinz Harry (87 Prozent), Prinz William (83 Prozent), Kate Middleton (82 Prozent) und Prinz Philip (75 Prozent). Thronfolger Prinz Charles schaffte es mit 52 Prozent nur auf den achten Platz.

Aber

Die Labour-Regierung unter Tony Blair unternahm kurz vor der Jahrtausendwende zaghafte Versuche, mit den royalen Traditionen zu brechen. So wurde der königlichen Familie aus Kostengründen ein Neubau der in die Jahre gekommenen Jacht *Britannia* verwehrt. Stattdessen wurde die alte *Britannia* ausgemustert und steht seitdem in Edinburgh als Museumsschiff. Der Entschluss des Königshauses, freiwillig Steuern zu zahlen, fiel in diese Zeit. Und auch beim Unfalltod Dianas war es die Londoner Regierung, die das Königshaus zu einer angemessenen Trauerfeier bewegte. Lange war damals umstritten, wie man der früheren Ehefrau von Prinz Charles gedenken sollte. Staatsbegräbnisse standen nur der königlichen Familie selbst zu – man entschied sich für eine Umgehung des strengen Protokolls, indem zur Trauerfeier vor allem Prominente aus Kunst und Kultur geladen wurden und das Ganze nie offiziell als Staatsbegräbnis betitelt wurde.

ENGLÄNDER RAUCHEN UND RAUCHEN UND RAUCHEN

15
Zigaretten

Raucher haben es nicht leicht – kaum irgendwo auf der Welt, vor allem aber in England. Was waren das für Zeiten, als in Häfen wie Bristol, Glasgow und London ganze Schiffsladungen mit Tabak aus den damaligen britischen Kolonien eintrafen. Große Kähne karrten die Blätter nach Großbritannien, damit sie dort weiterverarbeitet werden konnten. Der Tabak gehörte zum Königreich wie der Tee, die Königin und das Chicken Tikka Masala. Rauchen gehörte quasi zum guten Ton.

Dann kamen die Einschränkungen. Gesundheitsschädlich sei die Zigarette, fand man heraus, was aus heutiger Sicht kaum überraschend ist – was sollte daran gesund sein, etwas Dahinglimmendes einzuatmen? Aber für viele waren diese Erkenntnisse eben nicht nachvollziehbar. Die Briten rauchten weiter. Glaubt man alten Statistiken, griffen 1962 rund 80 Prozent der Männer zur Zigarette und 40 Prozent der Frauen.

In den späten Achtziger- und frühen Neunzigerjahren begann die Regierung einzugreifen. Gesundheitspolitiker hatten, wie überall, schon lange vor den Gefahren des Rauchens gewarnt. Nun griff man zum Mittel der Steuererhöhungen. Höhere Preise, geringere Nachfrage, das Einmaleins der Wirtschaftspolitik – vor allem aber: unterm Strich höhere Einnahmen für den Staat. Während eine Schachtel mit 20 Filterzigaretten laut Angaben des nationalen Statistikamtes von Großbritannien Anfang 1987 noch durchschnittlich 1,43 Pfund kostete, stieg dieser Preis bis Ende 2019 auf 10,79 Pfund – mehr als eine Verzehnfachung in 32 Jahren. Allein zwischen 2009 und 2019 verdoppelte sich der Preis fast von 5,50 Pfund auf 10,79 Pfund.

Die Tabakindustrie tat das ihre, um den hohen Preisen entgegenzutreten: Sie halbierte sie – und zwar, indem sie auch die Packungsgrößen halbierte. Lange Zeit waren in Großbritannien Schachteln mit nur zehn Zigaretten üblich, bis das Unterhaus dies 2017 mit einem Beschluss untersagte.

Es gab im Laufe der Zeit weitere Einschränkungen: Das Mindestalter für den Kauf von Zigaretten wurde 2007 von 16 auf 18 Jahre angehoben. Seit Mitte 2007 ist Rauchen am Arbeitsplatz verboten – was auch das Aus der Zigarette in Pubs und Restaurants bedeutete, da auch diese zu den Arbeitsplätzen gezählt wurden. Schottland führte das Rauchverbot sogar schon ein Jahr zuvor ein. 2012 verbot England das Ausstellen von Zigarettenschachteln und Werbung in größeren Geschäften, 2015 traf dies auch kleinere Geschäfte. Seitdem sind selbst an Tankstellen keinerlei Schachteln mehr zu sehen, sondern hinter Schiebetüren verborgen. Duty-Free-Läden an Flughäfen haben eigene Räume für Zigaretten eingerichtet, die nur noch von Kunden ab 18 Jahren betreten werden dürfen – der Raucher wurde gesetzlich quasi auf eine Stufe gestellt mit Besuchern von Bordells und Pornokinos.

Seit 2015 ist in England Rauchen im Auto verboten, sofern sich eine Person unter 18 Jahren im selben Wagen befindet. Und ein Jahr später griff ein weiteres Gesetz, das Werbung auf Zigarettenschachteln verbot – sie dürfen seitdem keinerlei Logos oder ähnliches mehr aufweisen, lediglich Warnhinweise und Schockfotos über die Auswirkungen des Rauchens.

Und was tun die Engländer? Sie rauchen weiter. Bei Weitem nicht mehr so wie in den Sechzigerjahren – doch es gibt sie noch, auf erkennbarem Level. 2018 sollen laut Statistik rund 15 Prozent der Briten an der Zigarette gehangen haben. Das klingt nicht viel, aber es ist insgesamt nur noch ein geringes Abflauen der Raucherquote zu erkennen gewesen. Vor allem gibt es einen Wechsel hin zu E-Zigaretten: Von den 2,9 Millionen E-Zigaretten-Nutzern in Großbritannien sind einer Untersuchung zufolge 52 Prozent frühere Raucher von Zigaretten. Das könnte der nächste große Kampf der britischen Gesundheitspolitiker werden: 2014 wollte die Waliser Regierung bereits das Nutzen von E-Zigaretten an öffentlichen Plätzen verbieten. Damals konnte sie sich mit ihrem Antrag noch nicht durchsetzen. Doch die Stimmen werden auch in anderen Teilen des Landes immer lauter.

Harte Fakten

Nicht nur Rauchern geht es in Großbritannien an den Kragen – auch der Alkohol ist ins Visier der Gesundheitspolitiker gerückt. Seitdem Schottland im Jahr 2018 einen Mindestpreis für alkoholische Getränke wie Whisky und Wein einführte, gibt es auch in Wales und England Debatten darüber. In Schottland gilt seitdem ein Mindestpreis von 50 Pence pro zehn Milliliter purem Alkohol. Eine 0,7-Liter-Flasche Whisky kostet dadurch seitdem mindestens 14 Pfund, eine 0,75-Liter-Flasche Wein mindestens 4,69 Pfund. Die Regierung verspricht sich dadurch einen deutlichen Rückgang der Todesfälle durch Alkohol.

ENGLÄNDER SIND ABHÄNGIG VON CHIPS UND POMMES

E s war eigentlich nur eine Frage der Zeit, bis solch eine Nachricht mal durch die britischen Medien wabern sollte – im Herbst 2019 war es soweit. Ein 17-Jähriger aus Bristol drohe zu erblinden, hieß es da, weil er sich seit Jahren fast ausschließlich von Chips und Pommes Frites ernährt hatte. Was sich anhörte wie eine Falschmeldung der Boulevardpresse hatte einen ernsten Hintergrund: Ärzte überprüften den Vitaminspiegel des jungen Mannes und stellten fest, dass ihm Vitamin B12 sowie einige andere wichtige Vitamine und Mineralien wie Kupfer und Vitamin D fehlten. Er war weder über- noch untergewichtig, aber aufgrund seiner Essgewohnheiten stark unterernährt.

Der junge Mann hatte blinde Flecken im Sehfeld und einen Mangel an Mineralien in seinen Knochen, der in dem Alter nicht hätte vorkommen dürfen. Die Ärzte diagnostizierten eine ernährungsbedingte Optikusneuropathie – ein Zustand, der behandelt werden kann, wenn er frühzeitig diagnostiziert wird. Andernfalls aber sterben die Nervenfasern im Sehnerv ab, was zu einer Erblindung führt.

Der Fall war symptomatisch für das Essverhalten vieler Engländer: Wenn sie sich mittags zum Lunch aufmachen, gehört fast immer eine Portion Chips dazu, in England Crisps genannt, weil der Begriff Chips schon für Pommes Frites reserviert ist. Und genau die gehören spätestens beim Abendessen zum festen Ernährungsplan. In manchen Pubs sind Pommes derart fest verwurzelt, dass sie sogar zu Gerichten wie Lasagne serviert werden – was nicht nur auf Gäste aus Italien merkwürdig wirkt. Belgien ist das Land der Pommes Frites? Vergessen Sie es! Pommes sind elementarer Bestandteil des britischen Alltags. Was auch ein bisschen daran liegen mag, dass Engländer gern alles frittieren würden, von der Kartoffel bis zum Schokoriegel.

Das erklärt vielleicht auch ein bisschen die Vorliebe für Chips. Die gibt es meist in handlichen Portionspackungen und ganz unterschiedlichen Geschmacksrichtungen, und wenn Engländer mittags im Super-markt um die Ecke zum »Meal Deal« greifen, einem omnipräsenten Sonderangebot für Minimenüs, dann gehört dort zum Sandwich und der Cola auch stets ein Beutel Chips. Pauschal kann man sagen, dass die Ersparnis beim Preis immer um ein Vielfaches bei den Kalorien und Fetten aufgeschlagen wird. Ein Mittagsmenü für 4 Pfund deckt da oftmals bereits den Tagesbedarf eines Erwachsenen.

Engländer lieben Chips nicht nur ein bisschen, schrieb der *Guardian* vor einigen Jahren. Sie verstünden sie längst als festen Bestandteil der britischen Kultur. Jahr für Jahr konsumieren die Briten rund sechs Milliarden Packungen davon – mehr als in jedem anderen europäischen Land. Wenn man andere herzhafte Snacks dazu rechnet (rund 4,4 Milliarden Beutel jährlich), kommt man pro Briten auf 150 Packungen pro Jahr.

Die Anzahl der verkauften Pommes Frites in Großbritannien hatte sich bereits 2014 im Vergleich zu 1974 verdreifacht, und dies trotz immer offensichtlicherer Gesundheitsrisiken. Eine amerikanische Studie fand 2017 heraus, dass Menschen, die mindestens zwei- bis dreimal pro Woche frittierte Kartoffeln essen, ein doppelt so hohes Risiko haben, früher zu sterben. Dazu zählten die Wissenschaftler neben Pommes Frites auch Kartoffelecken, Chips und Hash Browns, kleine Kartoffelrösti.

Die Chips-Industrie versucht diesen Erkenntnissen etwas entgegenzusetzen. Sie schickt zunehmend Produkte mit weniger Fett und weniger Salz in den Supermarkt. Gleichwohl sind sich Ernährungsexperten einig: Eine gekochte Kartoffel wäre in jedem Fall nahrhafter, ganz egal, wie wenig Fett und Salz eine Tüte Pommes beinhaltet.

Aber

Es tut sich was, zumindest in der britischen Gastroszene. Während Pubs oft nach wie vor der klassischen Kneipenküche – sehr fett und sehr deftig – anhängen, versuchen sich immer mehr Restaurants an jahreszeitlichen und gesunden Gerichten. Vegane und vegetarische Ernährung ist inzwischen landesweit üblich, viele Restaurants bieten bei Menüs immer auch eine vegetarische Variante, viele haben sogar eine eigene Karte für fleischlose Ernährung.

ENGLÄNDER SCHWEIGEN SICH IN DER U-BAHN AN

Im Jahr 2016 versuchte Jonathan Dunne, ein amerikanischer Angestellter des National Health Services (NHS), die Londoner Fahrgäste mithilfe von Buttons zum Sprechen zu bewegen. »Tube Chat?« stand auf den runden, weißen Ansteckern, aufgemacht wie das ganze Design der London Underground. »In London gibt es solche Barrieren, deshalb habe ich beschlossen, die Abzeichen zu verteilen«, sagte der damals 42-Jährige im Gespräch mit dem *Daily Telegraph*. Im selben Gespräch musste er allerdings auch einräumen: »Ich dachte, das Verteilen der Abzeichen wäre eine freundliche Erfahrung – aber das war es nicht.« In den sozialen Medien machten sich Nutzer schnell lustig über die Anstecker, es gab zumindest virtuell ironisierte Varianten. Auf den harmlosesten davon war einfach nur das Wort »Nope« zu lesen. Wer heute unterwegs ist unter der Erde der britischen Hauptstadt, wird merken: Das Geld für die Buttons hätte sich Initiator Dunne sparen können. In der Londoner U-Bahn wird nach wie vor konsequent geschwiegen.

402 Kilometer, 270 Stationen, Taktzeiten von teilweise nur zwei Minuten: Londons U-Bahn ist nicht nur die älteste ihrer Art in der Welt. Sie ist auch eine ganz eigene Welt in der 8,5 Millionen Einwohner zählenden britischen Hauptstadt. Lange Rolltreppen, große Aufzüge und ein schier undurchdringbares System an Treppen und Verbindungstunneln leiten Fahrgäste zu den Bahnsteigen tief unter der Erde – in Hampstead als tiefster Station sogar bis zu 58,5 Meter hinab. Wer die Einlassschranken überwunden hat, ist von der Außenwelt erst einmal für eine Weile abgeschnitten. Vielleicht ist das der Grund für die Eigenbrötelei, die Londoner hier unten an den Tag legen?

Der Initiator der Buttonaktion zeigte sich 2016 in einem Meinungsbeitrag für das US-Magazin *Time* skeptisch: »Manchmal sehe ich Leute auf der Straße, mit denen ich jahrelang zusammengearbeitet habe, aber wir ignorieren uns gegenseitig – Leute zu sehen, die man außerhalb der Arbeit kennt, scheint für

Engländer beunruhigend zu sein.« Er wertet das Desinteresse an jeglicher Kommunikation unter der Erde als eine generelle Eigenschaft in diesem Fleck der Welt. Auch bei anderen von ihm initiierten Aktionen über der Erde blieb die zwischenmenschliche Ebene demnach aus. Er machte damals das Beste daraus – und bestellte noch einmal 500 Buttons, um auch diese zu verteilen.

Der Nahverkehrsbetrieb Transport for London (TfL) zumindest war wenig erfreut über Dunnes Einsatz. »Solche Aktionen sind ziemlich gefährlich«, sagte eine Sprecherin dem *Guardian.* »Wir möchten nicht, dass die Leute verwirrt werden.« Die Anstecker seien zwar eine »interessante Idee«, doch wolle TfL nicht, dass sein Branding genutzt werde. Die Buttons sahen mit ihrer Typografie und Farbgebung exakt so aus wie die Eigenwerbung des Unternehmens. Und die basiert unter anderem auf einer vor zig Jahrzehnten eigens für TfL entwickelten Schriftart, Johnston Sans.

Dunnes Scheitern bedeutet allerdings nicht, dass alle Versuche, die Londoner zum Reden zu bewegen, gestorben wären. »Tube Chat« heißt eine App, mit der die damals 26-jährige Nina Tumanishvili 2018 einen neuen Anlauf startete. Das Programm ist eine Art Kurzstrecken-Nachrichtendienst, der speziell auf die London Underground ausgelegt ist, abseits von jeglichem Mobilfunk- und WLAN-Signal.

Per Bluetooth kann sich die App in einem Umkreis von 30 Metern mit anderen Telefonen verbinden, auf denen sie ebenfalls aktiviert ist. Nutzer sind dann in der Lage, mit anderen zu chatten oder gemeinsam Spiele zu spielen. »Technologie hat die Leute isoliert«, erzählte Tumanishvili dem *Evening Standard.* »Ich möchte nun Technologie nutzen, um sie wieder näher zu bringen.« Das Ergebnis: Es wird immer noch geschwiegen. Wenn etwa Touristengruppen unter der Erde lautstark ihren nächsten Stopp planen, schalten Londoner in Phase eins ihrer Abwehrmodi: Augen schließen, nach einer besitzerlosen Zeitung suchen, die immer mal in den Zügen herumliegt – oder aufs Smartphone starren, wohlwissend, dass nur die wenigsten hier unten Empfang haben.

Angesichts der Einsamkeitsaufmerksamkeitswochen startete Olivia Petter vom *Independent* im Sommer 2019 einen Versuch: Sie wollte eine Woche lang versuchen, mit Fahrgästen der Londoner U-Bahn in Kontakt zu kommen – mit mäßigem Erfolg, wie sie in einem Beitrag für die Website schrieb: »Ich habe gerade die Person neben mir gefragt, wie ihr Tag verlaufen soll, und sie hat mich ignoriert. Zehn Minuten später fragte ich jemanden, wie er heißt. Er murmelte etwas Unhörbares und setzte seine Kopfhörer auf.« Fünf Werktage hielt sie durch und schien am Ende enttäuscht: »Ich wusste, dass das niemals einfach werden würde«, schrieb Petter. »Aber ich bin überrascht, dass ich nach fünf Tagen, in denen ich mich bemüht habe, mit so vielen Menschen zu sprechen, es nicht geschafft habe, ein einziges Gespräch länger als eine Minute zu führen, und dass dabei nur eine Frage gestellt wurde.«

Der Engländer? Er verzieht sich gern in den Untergrund und schweigt.

Harte Fakten

Eine Umfrage des britischen Roten Kreuzes hat eine Nation wachgerüttelt: Mehr als neun Millionen Briten – etwa ein Fünftel der Gesamtbevölkerung – bezeichnen sich als oft oder dauerhaft einsam. Nach dem Mord an der Unterhausabgeordneten Jo Cox 2016 sollte eine Kommission die Notwendigkeit von Maßnahmen gegen Einsamkeit überprüfen – Cox hatte sich vor ihrem Tod massiv für dieses Thema eingesetzt. In der Folge integrierte die damalige Premierministerin Theresa May 2018 sogar einen eigenen Fachbereich im Ministerium für Sport: Die Konservative Tracey Crouch wurde so zur ersten Ministerin für Einsamkeit. May wollte mit diesem Schritt vor allem Senioren und deren pflegenden Angehörigen helfen sowie jenen Menschen, die um den Verlust eines ihnen nahestehenden Menschen trauern. Es gehe ihr um »Menschen, die niemanden haben, mit dem sie reden oder ihre Gedanken und Erfahrungen teilen können«, sagte die damalige Regierungschefin, die im Brexit-Wirrwarr ein Jahr später ihren

Hut nehmen musste. Auch Tracey Crouch hielt in der turbulenten Phase der britischen Politik nicht lange durch und wurde bereits mehrfach ersetzt. Ihre direkte Nachfolgerin Mims Davies (ebenfalls Konservative) startete 2019 eine Kampagne, um das Stigma des Alleinseins zu bekämpfen.

ENGLÄNDER MACHEN GERN FREI

18
Feiertage

Es ist in England nicht sonderlich schwer, jeden Tag relativ bequem einzukaufen. In großen Orten gibt es 24-Stunden-Supermärkte. Viele größere Geschäfte haben sonntags ein paar Stunden geöffnet. Und selbst wer Milch und Käse außerhalb dieser Zeiten benötigt, kann immer noch an eine Autobahnraststätte, einen Bahnhof oder einen Flughafen fahren – dort haben sich Minisupermärkte etabliert, die preislich gar nicht mal entscheidend teurer sind als andere Märkte. Man könnte so leicht auf die Idee kommen, in England würde immer gearbeitet. Das Gegenteil ist der Fall.

Die Feiertage sind es, um die Engländer gern beneidet werden. Es sind acht im Jahr, in Schottland und Nordirland sogar mehr – was erst einmal nicht viel klingt. Entscheidend ist das Kleingedruckte: Vier dieser Feiertage haben keinen offiziellen Anlass, sondern sind schlichtweg »Bank Holidays«, also Tage, an denen der Zahlungsverkehr ruht und damit auch der Job im Geschäft, im Büro oder in der Behörde oder anderswo. Und damit dies auch garantiert so ist, fallen diese Feiertage immer auf einen Montag. Während sich Arbeitnehmer in anderen Ländern alle paar Jahre ärgern, wenn der 1. Mai auf einen Sonntag fällt oder der 3. Oktober in Deutschland, lachen sich Engländer klammheimlich ins Fäustchen.

Damit auch Weihnachten nichts verschenkt wird, zumindest kein Feiertag, gibt es für dieses Fest eine Sonderregelung. »Boxing Day«, also der 26. Dezember, ist grundsätzlich ein Feiertag. Fällt dieser Tag aber auf einen Samstag, ist der darauffolgende Montag, also der 28. Dezember, ein Feiertag. Und fällt der 26. Dezember gar auf einen Sonntag, wird das ganz große Fass aufgemacht: Dann sind sowohl der 27. als auch der 28. Dezember frei. Der 25. Dezember ist ohnehin landesweit ein Feiertag.

Einem Bericht des Centre for Economics and Business Research zufolge kostet jeder Feiertag die britische Wirtschaft rund 2,3 Milliarden Pfund. Einen Großteil davon abzuschaffen könnte die Produktion demnach um 19 Milliarden Pfund steigern. Staatliche Berechnungen gehen nur von 1,2 Milliarden Kosten pro Feiertag aus. Andere Kalkulationen sehen sogar einen wirtschaftlichen Aufschwung für einzelne Branchen: Freizeit, Gastgewerbe und Einzelhandel profitierten davon, dass Menschen an einem Tag statt zu arbeiten ihr Geld ins Land hinaus tragen. Positive Schätzungen beziffern das Plus auf 1,1 Milliarden Pfund für die betreffenden Branchen.

Die jetzige Form der Feiertage gibt es übrigens erst seit 1834, als das Parlament in Westminster ein entsprechendes Gesetz verabschiedete. Zuvor hatte die Bank of England mehr als 30 religiöse Feste und Feiertage als Anlass genommen, die Türen dicht zu machen. Zu viel, wie Politiker damals fanden. Neun Tage wurden den Arbeitnehmern damals zugestanden, darunter bereits die ersten anlasslosen Bank Holidays – stets an einem Montag.

Die heilige Ruhe am Sonntag führt noch zu weiteren Bräuchen: Wahlen finden in England fast immer an einem Donnerstag statt, nicht an einem Sonntag wie in vielen anderen Ländern. Das Parlament beschloss dies bereits 1918 nach langer Diskussion und mit mehreren Hintergedanken. Freitags wurden damals die Löhne gezahlt. Da man davon ausging, dass Arbeiter dies anschließend umgehend mit einem Pub-Besuch feierten, wollte man sie nicht von konservativen Wirten beeinflusst sehen. Zumindest, sofern sie den Weg vom Tresen zum Wahllokal überhaupt noch gefunden hätten. Sonntags, so die Befürchtung, würden die Wähler vor dem Urnengang von Kirchenvertretern und freikirchlichen Predigern beeinflusst. Das Ganze hatte aber noch einen anderen Grund: Donnerstage waren in England traditionell Tage mit früheren Ladenschlusszeiten, bevor sich dies Ende des vergangenen Jahrhunderts genau ins Gegenteil gekehrt hat.

Aber

Viele Geschäfte schaffen es inzwischen, die Feiertagsregelungen in England zu umgehen. Einkaufszentren, Outlet-Malls und ganze Innenstädte finden häufig Wege, um auch an Feiertagen zumindest einige Geschäfte zu öffnen. Ausgenommen sind davon oftmals Geschäfte ab einer bestimmten Größe. Doch grundsätzlich ist es heutzutage nicht mehr schwer, irgendwo auch an solchen Tagen sein Geld loszuwerden. Nur eines hat sich nicht geändert: Banken bleiben an Bank Holidays nach wie vor geschlossen.

ENGLÄNDER SIND NATIONALISTEN

Eines der beliebtesten London-Souvenirs war lange Zeit ein Schlüsselanhänger mit dem Union Jack, der britischen Flagge, und dem Spruch: »Buy British«. Wenn man den schrecklich hässlichen Anhänger umdrehte, war dort in großen Buchstaben eingraviert: »Made in China«. Ein satirischer Seitenhieb auf eine hochernste Eigenart einer Nation – man kauft auf der Insel, wann immer es geht, die eigenen Produkte. Oder zumindest das, was man dafür hält.

Regionale, jahreszeitliche Ernährung ist in England keiner dieser hippen neuen Trends von irgendwelchen Ökoaposteln oder Jung-Starköchen. Es ist eine Praxis, die dort schon seit Jahrzehnten funktioniert. Man kocht in erster Linie, was der Garten hergibt. Das hat sich allerdings inzwischen längst auch auf andere Bereiche ausgedehnt. Briten kaufen mit Vorliebe britische Autos, selbst wenn fast alle nennenswerten Automobilhersteller der Insel längst ausländischen Unternehmen gehören, die ihre Fabriken auf der Insel bestenfalls noch aus nostalgischen Gründen erhalten. Englische Hotels zählen zu den schlechtesten des Landes – dennoch ziehen viele Engländer diese einem modernen Haus einer ausländischen Kette vor. Die Menschen fliegen Easyjet und British Airways, obwohl sie bei manch anderer Airline ein viel besseres Preis-Leistungs-Verhältnis bekämen. Briten lieben Britisches. Und diese Eigenart lässt sich sogar noch tiefer deklinieren: Schotten lieben Schottisches, Waliser alles Walisische und das geht in den einzelnen Grafschaften so weiter. Stellen Sie etwa einen Menschen aus Cornwall vor die Wahl, ob er ein exzellentes Stück Fleisch beispielsweise aus Nordirland zu einem geringen Preis kaufen möchte oder ein teureres von einem kornischen Bauern – er wird etwas tiefer in die Tasche greifen und das Produkt aus der Umgebung wählen.

Das machen sich große Einzelhandelsketten längst zu eigen. Der Aufkleber mit dem Union Jack gehört bei vielen von ihnen inzwischen zum Standard, wenn es um britische Waren geht. Discounter setzen inzwischen sogar in Schottland bewusst auf die schottische

Flagge und in anderen Regionen auf die jeweils vor Ort übliche. Identifizier dich mit deiner Heimat und du bist hier richtig, so die Kernaussage.

Das Ganze ist in vielen Menschen so sehr verwurzelt, dass Engländer beispielsweise auch als Briten bezeichnet werden wollen, weil sie ohnehin in der Vorstellung leben, den anderen Nationen des Vereinigten Königreichs aufgrund ihrer Einwohnerzahl haushoch überlegen zu sein. Man sollte dies aber nie bei einem Schotten probieren. Schotten sind Schotten. Punkt.

Großbritannien also eine Nation von Nationalisten? Ein bisschen schon – aber auf eine eher heimatverbundene Weise. Es ist in Brexit-Zeiten viel die Rede gewesen vom angeblichen Fremdenhass im Königreich, Einwanderer mussten im Wahlkampf herhalten für eine Reihe von Kampagnen der eher rechtsgerichteten Parteien. Die polnischen Kellner wurden ebenso in den Fokus gerückt wie die rumänischen Zimmermädchen und etliche weitere, zumeist europäische Nationen. Doch sie waren zu jener Zeit wohl nur das Mittel zum Zweck.

2019 ergab eine weltweite YouGov-Umfrage, dass Briten von den Vorteilen der Einwanderung überzeugter sind als jede andere große europäische Nation. Fast die Hälfte der Briten hat demnach sogar festgestellt, dass Einwanderer für das eigene Land positive Auswirkungen oder zumindest gar keine haben. 28 Prozent der Briten waren der Meinung, dass der Nutzen der Einwanderung die Kosten überwiegt, verglichen mit 24 Prozent in Deutschland, 21 Prozent in Frankreich und 19 Prozent in Dänemark. Weitere 20 Prozent der Briten gaben an, dass Kosten und Nutzen in etwa gleich seien, 16 Prozent waren sich in diesem Punkt nicht sicher.

Im Umkehrschluss waren 37 Prozent der Briten der Meinung, dass die Kosten der Einwanderung die Vorteile überwiegen. Das ist auf den ersten Blick ein hoher Wert, der Besorgnis auslösen könnte. Jedoch war er niedriger als in fast jedem anderen großen europäischen Land. Zum Vergleich: 50 Prozent der Italiener fanden, dass die Nettoauswirkungen der Einwanderung negativ sind, 49 Prozent der Schweden, 42 Prozent der Franzosen und 40 Prozent der Deutschen. Das Ganze konzentriert sich zudem in Großbritannien auf die Wähler der ohnehin konservativen bis rechten Parteien: 42 Prozent der Labour-Wähler gaben an, dass der Nutzen der Einwanderung gegenüber den Kosten überwiege. Bei den Wählern der Konservativen waren es nur noch 15 Prozent und bei den Wählern der damals noch aktiven UK Independence Party sank der Wert auf magere 3 Prozent.

Harte Fakten

Das Vereinigte Königreich ist ein Staat voller Länder – es besteht aus Großbritannien und Nordirland und heißt deswegen mit vollem Namen auch Vereinigtes Königreich von Großbritannien und

Nordirland. Es ist aber noch komplizierter: Auch Großbritannien besteht aus mehreren Ländern – England, Schottland und Wales. Während Waliser meist relativ gelassen sind, was das große Ganze angeht – sie haben ein Regionalparlament, dürfen ihre eigene Sprache pflegen und haben ansonsten ohnehin ökonomisch nicht viel zu bieten, sodass sie massiv von London abhängig sind – sehen die Schotten ihre Nation schon etwas überzeugter. 2014 starteten sie ein Referendum über die Unabhängigkeit, das die Befürworter jedoch mit 44,7 zu 55,3 Prozent der Stimmen verloren. Aber sie geben nicht auf. 2019 kündigte die damalige Regierungschefin Nicholas Sturgeon die Absicht an, ein weiteres Referendum abzuhalten. Nordirland ist ein weiterer Sonderfall: Die Provinz gehört zum Vereinigten Königreich, jedoch sind auch hier die Vereinigungsbestrebungen mit der Republik Irland noch längst nicht begraben. Es gibt weitere britische Teile: Die Isle of Man ist Kronbesitz, also Privatvergnügen des Königshauses, ebenso sind es die Kanalinseln.

DIE UHREN DER ENGLÄNDER GEHEN ANDERS

Wer hat eigentlich an der Uhr gedreht? Eine Frage, die sich britische Schüler nicht mehr stellen müssen. 2018 sorgte die Association of School and College Leaders mit ihrer Forderung für Aufsehen, analoge Uhren in Prüfungsräumen von Schulen gegen digitale auszutauschen. Heutige Schüler könnten die Uhrzeiger schlichtweg nicht mehr lesen, so ihre Begründung. Sie seien es gewohnt, Uhrzeiten auf dem Handy oder am PC zu sehen, wo sie in Ziffern dargestellt werden, nicht mit Zeigern. In einem digitalen Zeitalter sei einfach kein Platz mehr für Analoges.

Nun könnte man mit dieser Begründung den kompletten britischen Einzelhandel schließen, Banken, Behörden, Zeitungen und vieles mehr. Schließlich geht auch dies alles längst auf digitale Weise. Man könnte im Umkehrschluss sagen: Wenn Schüler keine Uhrzeiger mehr lesen können – liegt da vielleicht im Bildungswesen etwas im Argen? Schließlich würde auch niemand auf die Idee kommen, die Uhrzeiger des Big-Ben-Parlamentsturms in London gegen eine digitale Anzeige auszutauschen. Oder an etlichen Rathäusern des Landes. Doch die Forderung des Lehrerverbandes war deutlich wie die Anzeige eines Smartphones: Schüler können das nicht mehr, also wollen wir sie auch nicht damit behelligen.

Die Forderung klingt umso skurriler, wenn man bedenkt, dass die Uhrzeit quasi in Großbritannien beginnt. Die Greenwich Mean Time (GMT) war bis 1972 die Weltzeit, an ihr orientierten sich alle weiteren Zeitzonen. Bis heute wird in Ländern des Commonwealth von der GMT gesprochen, obwohl diese Zeitzone längst offiziell zur Koordinierten Weltzeit wurde, kurz UTC. Beide Zeiten sind im Grunde identisch, nur wird die UTC über Atomuhren bestimmt, sodass sie deutlich genauer ist als die alte GMT – die inzwischen nur noch eine gewöhnliche Zeitzone darstellt.

Die Unterrichtszeiten sind für britische Schüler etwas anders als in anderen Ländern. Sie beginnen meist um 9 Uhr und müssen schon in frühen Jahren bis nach

15.30 Uhr in der Schule bleiben. Danach gibt es oft genug noch Sport- und Musikangebote, an denen sich viele freiwillig beteiligen. Eingeschult werden Schüler bereits mit fünf Jahren, nicht erst mit sechs. Sie bekommen zumindest in den ersten Schuljahren Bücher und Aufgabenhefte kostenlos gestellt. Und was viel wichtiger für einige ist: Man kann im britischen Schulsystem im Grunde nicht sitzenbleiben. Während die Fächer in den ersten Jahren mehr oder weniger vorgegeben sind und ein ähnliches Spektrum abdecken wie in anderen Ländern, können sich Schüler in den letzten Jahren ganz auf eine Handvoll von ihnen gewählter Unterrichtsinhalte konzentrieren.

ENGLÄNDER WETTEN AUF ALLES

Englands Buchmacher sind ein ganz guter Indikator für alle Lebenslagen. Der Name des nächsten royalen Babys? Diana – die Wettquoten standen 2019 bei drei zu eins. Wenn es ein Junge wird? Arthur – acht zu eins. Wann wird außerirdisches Leben bewiesen sein? 2019 – 22 zu eins, wobei man heute weiß, dass diese Wette doch eher verloren wurde. Und der nächste Papst? Vielleicht ja Bono – 500 zu eins. Wir warten einfach mal ab, ob das jemals eintreffen wird ...

Eigentlich ist es egal, was – bei irgendeinem Buchmacher kann man immer auf irgendetwas wetten. Da sind Pferderennen und Fußballergebnisse beinahe noch das Unspannendste. Doch diese schöne Hilfe in allen Lebenslagen hat einen entscheidenden Haken: Damit sie funktioniert, müssen die Briten wetten. Und das tun sie – mehr als gesund ist, wenn man einer Studie Glauben schenken darf. Die ergab, dass im Jahr 2018 die Hälfte aller Briten über 16 Jahren an einem Glücksspiel teilgenommen hat, Lotterielose eingeschlossen. Und dabei gibt es gar keinen besonders geschlechterspezifischen Unterschied: Während 56 Prozent der Männer gezockt haben, waren es immerhin 49 Prozent der Frauen. Fast Gleichstand, wenn man so will.

Dabei sind beispielsweise Sportwetten sehr breit angelegt, wie eine andere Untersuchung ergab. Während 97,4 Prozent der Besucher eines Pferderennens spielen, sind es auch beim Boxen mit 86,4 Prozent immer noch erstaunlich viele. Selbst Tennis, Golf (beide 81,1 Prozent) und Fußball (76,8 Prozent) stehen in der Gunst der Wetter sehr weit oben.

Experten schätzen, dass mehr als 300.000 Briten spielsüchtig sind. Untersuchungen der offiziellen Glückspielkommission Großbritanniens zeigten, dass Arbeitslose vor allem an Spielautomaten ihr Glück versuchen, während Briten in einem Beschäftigungsverhältnis eher Sport- und Pferdewetten nachgehen.

So beliebt Automaten und Sportwetten sind – ewiger Klassiker des Glücksspiels ist seit der Regulierung des Marktes in den Sechzigerjahren eindeutig Bingo.

Engländer strömen in große Hallen, um sich Zahlen um die Ohren hauen zu lassen. Wer sie vollständig in einem vorgegebenen Muster oder Feld auf seinem Spielschein abstreichen kann, gewinnt. Rund 400 solcher Hallen gibt es im ganzen Land. Zum Spielen kommen hier häufig ältere Menschen zusammen – die, die sich nicht mehr in das Thema Sportwetten vertiefen wollen.

Die ganze Wettsucht der Engländer hatte einen erstaunlichen Ausreißer: Ausgerechnet die britische Adaption der deutschen Erfolgsfernsehsendung *Wetten, dass..?* verschwand vergleichsweise früh wieder aus dem Programm. Der Fernsehsender ITV stellte *You Bet!* bereits 1997 wieder ein – nach 101 Folgen. Das deutsche Vorbild hielt immerhin bis 2014 durch.

ENGLÄNDER LIEBEN JOGGINGHOSEN

Man muss den Engländern eines lassen: Sie springen nicht gleich auf jeden Modezug auf, der im Frühjahr und Herbst mit Karacho durch Europa rollt. Leicht hochgekrempelte Hosenbeine, Sneaker-Söckchen, Skinny Jeans für ganz und gar nicht skinny Beine, weiße Sneaker oder demonstrativ fast bis zum Schritt aufgerissene Kniepartien an sonst eigentlich ganz neu aussehenden Jeans – Engländer nehmen das zur Kenntnis, viel mehr aber auch nicht. Das hat einen wesentlichen Grund: Sie haben ihren eigenen Stil. Unaufgeregt, zeitlos und keinen Modetrends folgend.

Das wichtigste: Bei Herren muss das Hemd über der Hose hängen. Alles andere würde sofort auf einen Geschäftstermin hinweisen oder eine Herkunft aus besserem Hause. Nur Adlige, Banker und Versicherungsverkäufer stecken ihre Hemden in die Hose. Und die königliche Familie – zumindest meistens. Frauen halten sich an Jeans und Pulli, es sei denn, sie gehen aus. Dann nämlich werfen sie sich richtig in Schale, selbst wenn es nur auf ein Bier in den Pub geht.

Sneaker, also Turnschuhe, sind in England keine Lebenseinstellung oder Zeichen für übertriebenen Sportsgeist. Sie sind das Standardschuhoutfit. Bis ins gesetzte Alter laufen Engländer in ihnen herum – grundsätzlich in der Freizeit, meist aber auch im Job. Zumindest, wenn der Rest des Outfits nicht unbedingt ein Anzug sein muss.

Der Kern der britischen Dauermode aber sind Jogginghosen. Sie werden auf der Insel Sweatpants genannt, wohl weil sie meist nach mehreren durchschwitzten Wochen des Tragens aussehen. Jogginghosen waren in Großbritannien früher Zeichen von Armut. Man sah sie im Norden, in Cornwall, sehr geballt im vom Bürgerkrieg geplagten Belfast. Nach der Jahrtausendwende kam gerade für diese Regionen der Aufschwung, als die neu gewählte Labour-Regierung gezielt auf Dezentralisierung und Belebung von Randregionen baute und obendrein ganz nebenbei noch Nordirland den Frieden bescherte. Mit dem neuen seichten Reichtum verschwanden auch die Jogginghosen aus den Innenstädten – die Menschen hatten wieder Jobs, sie zogen sich wenigstens fürs Büro eine Jeans über.

Es könnte am Regierungswechsel liegen, an einer erneuten zunehmenden Verarmung, an einer wachsenden Kluft zwischen Arm und Reich – zumindest ist die Jogginghose seit David Cameron und seinen Nachfolgern wie Theresa May und Boris Johnson an der Regierungsspitze wieder Alltag geworden. Mehr noch: Man sieht sie nicht mehr nur in Nordengland, in Cornwall oder Belfast. Die Jogginghose ist dabei, der Jeans in puncto Alltagsmode den Rang abzulaufen. In kaum einem anderen Land würden sich Menschen trauen, sogar in einem kompletten Jogginganzug auf die Straße zu treten. In England wird man ihn früher oder später sehen. Im Pub, in der Uni, im Park, egal wo. Diese Hose ist so populär geworden, dass sich immer mehr Stars in ihnen zeigen. Was früher Rappern vorbehalten war, ist inzwischen auch in der First Class von British Airways zu sehen oder in noblen Londoner Fünf-Sterne-Hotels. Die Jogginghose ist die neue Daunenjacke. Jeder hat sie, und kaum jemand scheut sich, sie zu tragen.

Erfunden worden sein mag die Jogginghose vielleicht in Frankreich, in den Zwanzigerjahren durch den Le-Coq-Sportif-Gründer Émile Carnuset. Aber hoffähig gemacht wurde sie eindeutig auf der anderen Seite des Ärmelkanals.

Aber

In englischen Schulen sind Jogginghosen tabu – denn dort gilt nach wie vor der Zwang zur Schuluniform. Seit dem 16. Jahrhundert gibt es die einheitliche Kleiderordnung im britischen Bildungswesen. Meist sind es für Jungs Anzüge mit Krawatte und einem Pullover mit V-Ausschnitt, Mädchen tragen Rock, Bluse und Pullover. Vor allem an Eliteschulen wird die Uniform propagiert, weil sie den Kindern ihre angebliche geistige Überlegenheit demonstrieren soll. Grundsätzlich aber finden sich auch Schüler staatlicher Schulen in ähnlichen Kleidungsstücken wieder. Es gibt erstaunlicherweise wenig Debatten über Sinn und Unsinn dieser antiquierten Bekleidungsvorschriften – im Gegenteil: Seitdem der Markenwahn unter Schülern zugenommen hat, sehen Bildungsexperten in dem einheitlichen Outfit ein perfektes Mittel dagegen. Das könnte der Grund dafür sein, dass sich auch frühere britische Kolonien nie wirklich von der Schuluniform verabschiedet haben – sie gilt bis heute in Indien, Südafrika, Hongkong, Australien und anderen ehemaligen Ländern des British Empires.

ENGLÄNDER STEHEN AUF UNDERDOGS

Als Susan Boyle das erste Mal auf die Bühne der Castingshow *Britain's Got Talent* trat, dem Vorbild der deutschen Sendung *Das Supertalent*, waren die Reaktionen verhalten. Was, bitteschön, wollte diese so gar nicht funkelnde Dame bloß am Mikrofon? Hatte sie sich verlaufen? Dann begann die damals 47-Jährige zu singen, und alle erstarrten vor Ehrfurcht. Ihre Stimme machte Susan Boyle in Windeseile zum Star, ihr erstes Album wurde zum bestverkauften Debütalbum in der britischen Geschichte. Die graue Maus der Sendung, der »Underdog«, wurde zum Helden. Das ist, wenn man so will, typisch englisch. Engländer feiern

Gewinner – aber was sie noch viel mehr schätzen, sind Underdogs, die wirklich etwas können. Oder auch Loser, die so derart phänomenal scheitern, dass es sich Hollywood nicht hätte ausdenken können.

Michael Edwards alias »Eddie the Eagle« ist so ein Fall. Er war der erste Skispringer, der für Großbritannien bei den Olympischen Winterspielen an den Start ging. Zuvor hatte er sich bereits erfolglos im Judo, Volleyball und Pferdesport versucht, und auch beim Skispringen scheiterte er letztlich furios. Mit 82 Kilogramm war Edwards schwerer als jeder seiner Kontrahenten, und mit voller Hingabe landete er 1988 in Calgary jeweils auf dem letzten Platz. Seine Weltcup-Platzierungen zuvor bewegten sich fast alle im dreistelligen Bereich. Michael Edwards war auf professioneller Ebene einer der schlechtesten Skispringer – doch die Engländer liebten ihn. Sie liebten ihn so sehr, dass sein Leben 2016 sogar verfilmt wurde.

Für Menschen wie Edwards haben die Briten sogar einen eigenen Ausdruck: plucky Brit. Er steht für einen britischen Athleten, der mutig und entschlossen ist, vor allem wenn ein Erfolg eher aussichtslos erscheint. Das ist ein bisschen die Formel für Respekt unter Engländern: Man muss nichts können, man muss sich nur etwas trauen. Menschen aus der breiten Masse haben dabei eine vielfach höhere Chance, zum gefeierten Underdog zu werden als solche aus wohlsituiertem Haus.

Im Wimbledon-Finale von 2009 trafen Roger Federer und Andy Roddick aufeinander – der souveräne Profi, dem trotz mancher Durchhänger einfach alles zu gelingen scheint, und der Amerikaner, der erst zum vierten Mal in einem Grand-Slam-Finale stand. Er schlug sich wacker, doch nach fünf Sätzen ging einmal mehr Federer als Sieger vom Platz. Die Menge feierte Roddick trotzdem, sie rief »Roddick, Roddick, Roddick«. Dass Federer früher oder später gewinnt, wusste jeder. Viel entscheidender war für die Engländer, dass sich jemand über fast viereinhalb Stunden gegen ihn behaupten kann.

Und ein bisschen ist es so auch im Fußball. Als sich England 2008 nicht für die Europameisterschaft qualifizierte, ging naturgemäß ein Aufschrei durchs Mutterland des Fußballs. Doch der verhallte auch wieder recht zügig. Das Leben ging weiter, Spiele der anderen Nationen wurden eher pflichtgemäß als begeistert verfolgt, am Ende aber gewann der Alltag. Was bedeutet schon Fußball, wenn man einen schönen Sommer hat? Ganz ähnlich verhält es sich mit dem Eurovision Song Contest. England hat seit Jahren so etwas wie ein Abonnement auf die hinteren Plätze. Statt aber in einem Land, das vor guter Musik nur so überquillt, auf Nummer sicher zu gehen und einen absoluten Hit an den Start zu schicken, setzen die Briten auf Humor. Was sie Jahr für Jahr auf der Bühne präsentieren, darf man eher als

Beitrag zu einer Castingshow betrachten. Ein Forum für Underdogs.

Eine Umfrage fand 2017 heraus, welche 50 Eigenschaften die Briten an sich selbst lieben. Die Fähigkeit, über sich selbst zu lachen, landete auf Platz zwei, gleich hinter dem Drang, über das Wetter zu reden. Einen Underdog zu lieben, wählten die 1.000 Befragten aber immerhin auf Rang acht.

ENGLÄNDERN IST ALLES RECHT

Der Brite John Bercow hat in seinem Leben erreicht, wovon andere nicht zu träumen gewagt haben: Er hat der Welt einen Einblick in das von teilweise abstrusen Traditionen geprägte Rechtssystem seines Landes gegeben. Bercow war in der Zeit der Brexit-Verhandlungen der sogenannte Speaker des Unterhauses in Westminster, der Vorsitzende des Parlaments, ähnlich dem deutschen Bundestagspräsidenten. Er leitete die Sitzungen, er hatte das Recht, Anträge abzulehnen, wenn sie ihm zu albern vorkamen oder sie schlichtweg schon einmal in dieser Form gestellt worden waren. Was er auch zur Genüge tat. Und obwohl er selbst

Mitglied der Konservativen war, schien er anders als viele andere in seiner Partei Europa ganz offensichtlich nicht ganz abgeneigt zu sein. Was eine Konsequenz hatte: Bercow machte seiner eigenen Partei in diesen Jahren das Leben zunehmend schwer.

Mehr als einmal ließ er die Tories abblitzen, weil sie aus seiner Sicht gegen geltendes Recht verstießen – auch wenn dieses Recht oftmals auf einigen ein paar hundert Jahre alten Gesetzen basierte. Im Zweifelsfall reichte es aber auch aus, wenn irgendwann einmal in der Geschichte des Vereinigten Königreichs jemand einen ähnlichen Antrag gestellt hatte und der damals so und so beschieden worden war. Engländer berufen sich gern auf etwas, das es schon einmal gegeben hat. Vor allem, wenn es um juristische Belange geht. Das erspart lästige Debatten und man hat am Ende des Tages mehr Zeit für andere Dinge. Und sei es auch nur für das Feierabendbier im Pub.

Der Anachronismus des britischen Rechtssystems beginnt schon beim Speaker selbst. In einer Robe sitzt er auf einer Art Thron an der Spitze des Unterhauses, vor ihm ein vergoldetes Zepter. So kann er, wie Bercow, mit voller Stimmkraft Abgeordneten das Wort erteilen und auch wieder entziehen. Sein Ausruf »Order«, mit dem er Abgeordnete zur Ruhe auffordert, ist mit Bercow in die Geschichtsbücher eingegangen. Dabei gibt es die Funktion des Speakers genau genommen bereits seit 1258. Geschaffen wurde sie, damit Abgeordnete sich nicht direkt ins Wort fallen – sondern ausschließlich über den Speaker miteinander kommunizieren. Das hatte den Vorteil, dass es nach einem eventuellen Rededuell nicht noch, wie damals manchmal üblich, zu einem realen Duell kam. Der Speaker war Übersetzer, Schlichter und Vermittler gleichzeitig. Das ist bis heute so – selbst wenn es inzwischen auch in England Gesetze gegen Waffenduelle gibt. Und es ist nicht der einzige anachronistische Ansatz im britischen Unterhaus.

Die Würde des Speakers gilt auch deswegen als unantastbar, da beispielsweise bei Unterhauswahlen traditionell in seinem Wahlkreis keine Gegenkandidaten gegen ihn antreten. Das ist zwar nirgends festgeschrieben, aber Engländer benötigen nicht zwingend Gesetze, um etwas zu befolgen. Es genügt die Tradition.

Das könnte auch ein bisschen am rechtlichen Rahmenkonstrukt liegen. Es gibt im Vereinigten Königreich bis heute keine Verfassung. Das Recht basiert im Grundsatz auf der Magna Charta, einer Regelsammlung aus dem Jahr 1215, die im Laufe der Jahrhunderte um ein paar Tausend Gesetze zu allen möglichen Lebenslagen ergänzt wurde. Das war's.

Die Tradition verlangt es auch, dass der britische Monarch alljährlich mit allem Drum und Dran die Sitzungsperiode des Unterhauses eröffnet. Das Ganze aber ist inzwischen nicht viel mehr als ein bisschen Showprogramm vor Fernsehkameras – das

Regierungsprogramm, das die Königin oder der König dort verliest, ist zuvor vom Premierminister verfasst und wird im Buckingham Palace, auch das ist Tradition, inhaltlich nicht angerührt. Der Monarch sitzt im komplett überfüllten Parlament, um dort wie ein Nachrichtensprecher ein politisches Programm zu verlesen, das ihm oder ihr im Zweifelsfall sogar gegen den Strich geht. Entwürdigender kann es für die Royals eigentlich nur noch werden, wenn sich mal wieder ein Mitglied des Königshauses in der Öffentlichkeit danebenbenimmt.

Aber selbst Gesetze, die noch heute gelten, scheinen aus der Zeit gefallen. Seit 1322 etwa ist festgeschrieben, dass alle in Großbritannien gestrandeten Wale und Störe dem britischen Monarchen angeboten werden müssen. 2004 kam dies tatsächlich mal zum Tragen, als ein Fischer einen Stör an der walisischen Küste entdeckte und pflichtgemäß im Palast anbot – die Königin aber lehnte dankend ab. Das ist ein bisschen der Grund dafür, dass es nie einen großen Aufschrei gegen antiquierte Gesetze gab – am Ende sind alle realistisch genug, um das Beste daraus zu machen.

Bis heute ist es beispielsweise verboten, im Parlament mit einer Ritterrüstung zu erscheinen – das entsprechende Gesetz stammt aus dem Jahr 1313. Im Londoner Metropolitan-Polizeibezirk dürfen vor 8 Uhr keine Teppiche, Teppichböden oder Matten ausgeschlagen oder ausgeschüttelt werden. Ausgenommen davon sind lediglich Fußmatten. Im selben Bezirk darf auch keine Leiter auf einem Fußweg getragen werden, ebenso wenig Fässer oder Planken. Und es dürfen in Großbritannien tatsächlich keine Kartoffeln aus Polen importiert werden.

Es ist eigentlich nur ein einziges der angestaubten britischen Gesetze bekannt, gegen das Engländer absichtlich verstoßen, und das sogar vehement und ohne Konsequenzen: Seit 1872 ist es verboten, im Pub betrunken zu sein.

Harte Fakten

Das britische Parlament strahlt die ganze Pracht einer früheren Weltmacht aus. Dunkles Holz, grüne (Unterhaus) und rote (Oberhaus) Bänke, Saaldiener und viel Prunk, selbst in den hintersten Gängen – der Palast von Westminster ist eines der herrschaftlichsten Gebäude in London. Allein: Er ist auf die Anforderungen eines modernen Staates eigentlich nicht ausgelegt. Das beginnt schon damit, dass nicht alle Abgeordneten einen Platz haben. Dicht gedrängt sitzen sie auf den Bänken, selbst in der ersten Reihe, in der traditionell die Regierung und ihr gegenüber das Schattenkabinett Platz nimmt. Das geht gut, solange nicht alle Abgeordnete zu einer Sitzung erscheinen, was selten der Fall ist. Bei wichtigen Abstimmungen aber müssen sich viele auf Treppen oder im Eingangsbereich drängen, um überhaupt etwas mitzubekommen. Jeder Sitzungstag beginnt seit

Jahrhunderten mit einer Prozession, bei der ein königlicher Zeremonienstab, der »Mace«, in die Mitte des Saals getragen wird. Ist der Stab nicht an seinem Platz, kann nicht getagt werden. Abgestimmt wird durch Verlassen des Saales durch die eine – »Aye« für Zustimmung – oder andere – »No« für Ablehnung – Lobby. Gewählt wird nach dem Mehrheitswahlrecht – für jeden Wahlkreis gibt es einen Sieger, Überhangmandate gibt es nicht und auch der prozentuale Gesamtanteil der Stimmen einer Partei spielt keine Rolle.

WAS ENGLÄNDER AUF DEN TISCH BRINGEN, IST ... ANDERS

D er erste Besuch in einem Fish-and-Chips-Shop kann traumatische Züge nach sich ziehen. Bei mir war es irgendwann Mitte der Neunzigerjahre soweit. Ich bestellte damals Haddock and Chips, Schellfisch mit Pommes, und es sah tatsächlich vielversprechend aus. Der Fisch schien kein Formprodukt aus der Tiefkühltruhe zu sein, sondern offenkundig frisch vom Kutter. Die Pommes waren dick und geschnitten aus echten Kartoffeln – kein billiges Industrieprodukt. In einem Frittierbad unglaublichen Ausmaßes wurde alles goldbraun gebacken, abgetropft und im Rahmen des Möglichen sogar schick angerichtet. Doch dann kam die Würze: Der fabrikartig organisierte Koch schnappte sich zunächst einen riesigen Salzstreuer und anschließend eine Flasche Malt Vinegar, Malzessig. Noch während er fragte, ob man beides auf dem Bestellten haben wolle, vergoss er die Flasche über den Fisch und auch über die Pommes Frites. Willkommen in England!

Es ist nicht so, dass Engländer für europäische Mägen ungewöhnliche Dinge essen würden, keine Schlangen, Ratten oder Grashüpfer oder was man gemeinhin so aus manch anderem Land hört. Aber das, was Engländer essen, ist mitunter durchaus anders zubereitet, als man es auf dem Festland üblicherweise tut.

Mushy Peas sind so ein Fall. Wer Fish and Chips in einem Restaurant bestellt, erwartet sie in Großbritannien als Standardbeilage. Es gibt nicht einfach nur Erbsen, sondern sie werden vor dem Servieren im besten Fall lediglich zerstampft. Im schlimmsten Fall hält man sich an das klassische Rezept: Getrocknete Erbsen weichen dabei über Nacht in Wasser mit Backpulver ein. Am nächsten Tag kocht man sie dann, bis sie weich und matschig werden. Das anschließende Würzen mit Salz und Pfeffer rettet leider nur wenig. Im schlimmsten Fall entsteht ein Brei, der keinen Rückschluss mehr auf seine Zutaten zulässt.

Marmite ist ein Produkt, das Kenner aufhorchen lässt. »Liebe es oder hasse es« lautet der Standardwerbeslogan dieses Frühstücksaufstrichs. Und das bringt es eigentlich ganz gut auf den Punkt: Marmite ist ein gewürztes Hefeextrakt, das einen eher beißenden Geschmack aufweist und üblicherweise auf Toast gegessen wird. Niemand kann es ernsthaft mögen, trotzdem ist das Produkt seit 1902 auf dem Markt und steht bis heute in jedem Haushalt.

Für ihre Minzsoße sind Engländer in Europa berüchtigt. Diesen grünen sämigen Brei gibt es traditionell zu Fleischgerichten, vor allem zu Lamm. Dabei wird gehackte Minze in heißem Wasser mit Essig, Zucker und Zitronensaft vermischt, um dann lange durchzuziehen. Zum Glück ist sie heutzutage fast kaum noch zu finden, bestenfalls in sehr traditionellen Lokalen.

Durchaus gängig ist in Cornwall aber noch der Stargazy Pie, ein überbackener Sardinenauflauf, aus dem üblicherweise Fischköpfe ragen. Grundlage ist eine Legende, wonach ein Fischer vor Jahrhunderten im Hafenort Mousehole kurz vor Weihnachten Wind und Wetter getrotzt haben soll, um sein Dorf vor einer Hungersnot zu bewahren. Er fing trotz des Sturms genügend Fisch für alle. Und der wurde schließlich zu einem Pie verarbeitet. Um zu beweisen, dass der Auflauf auch wirklich Fisch enthielt, ließ man die Köpfe herausragen.

Es geht aber deutlich weniger aufwendig: Vor allem Studenten in England schätzen Baked Beans on Toast als schnelles und günstiges Gericht. Die Zubereitung ist denkbar einfach: eine Dose gebackene Bohnen aufkochen und auf mit Cheddarkäse belegtem, getoastetem Weißbrot servieren. Dieses Gericht schafft man mit Discounterware schon für unter einem Pfund.

Und was würde besser zu all dem passen als der Engländer liebste Soße: Brown Sauce. Sie besteht aus Malzessig, Tomaten, Datteln, Tamarindenextrakt und Gewürzen, und ist auch unter dem Namen HP Sauce bekannt. Sie fehlt in keinem Haushalt und auch in den wenigsten Restaurants. Brown Sauce ist in puncto Popularität das englische Pendant zum amerikanischen Ketchup. Nur sehr viel säuerlicher.

VON WEGEN OXFORD – ENGLÄNDER VERSTEHEN IHRE EIGENE SPRACHE NICHT

Die BBC ist so etwas wie das Aushängeschild der englischen Sprache. Was hier gesagt wird, ist in der Regel ein Musterbeispiel – vor allem der englischen Aussprache. Betonung, Wortschatz, alles wie im Schulbuch – allein durch das Zuhören könnte man sich in England wähnen. Es gibt nur ein Problem: Wer Engländern im Alltag zuhört, wird selten solch ein sauberes British English hören.

Auf der Insel dominieren regionale Dialekte, die sich manchmal nur in einzelnen Wörtern zeigen, manchmal aber auch in einer vollständigen Neuinterpretation der englischen Sprache. Grob gesagt lassen sich die Dialekte in Großbritannien in zwei Bereiche teilen, den nördlichen und den südlichen. Irgendwo durch die Midlands verläuft die Grenze, meist sind die südlichen Varianten noch relativ leicht verständlich, in Richtung Norden wird es dann oftmals sehr anspruchsvoll.

Am besten spricht man dafür mit einem Engländer aus Newcastle upon Tyne, ganz im Norden Englands, nicht mehr weit von der schottischen Grenze. Geordie nennt sich der Dialekt, der dort oben gesprochen wird, und der ist so speziell, dass selbst Engländer aus dem Süden mitunter ganz genau hinhören müssen. Wer etwa wissen will, wie es jemandem geht, fragt dort nicht »How are you?«, sondern »How's it gan?«. »I'm gan hyem« ist demnach auch nicht die Vorstellungsrunde einer fernen Kultur, sondern schlicht der Satz »I am going home«, ich gehe nach Hause. Und wer in Newcastle das Standardgetränk der Stadt bestellen will, bestellt kein Newcastle Brown Ale – selbst wenn es das sein soll –, sondern ein »Broon«.

Auch in Liverpool wird es nicht viel einfacher. Wer hier die Absicht hat, etwas zu trinken, kündigt dies nicht etwa mit »I'm having a drink« an, sondern sagt: »I'm 'avin a bevvy.« Scouse nennt sich dieser Dialekt, und deswegen nennt man Menschen aus Liverpool auch manchmal Scousers (was übrigens von Labscouse stammt, Labskaus – ein Gericht, das die Seeleute dort oben früher gern gegessen haben). Scouse zeichnet sich nicht nur durch andere Begriffe aus, sondern vor allem durch unterschiedliche Tonhöhen und das Verschlucken etlicher Konsonanten und auch Vokale. »You know« wird etwa zu »Yanno«. Wer genug »bevvy« hatte, ist »bevied up«, also betrunken. Ein Idiot ist hier ein »beaut«, ein extremer Idiot ein »better beaut«. Und ein Sandwich ist in Liverpool kein Sandwich, sondern ein »butty«.

»Brummie« ist der Dialekt aus der Gegend um Birmingham, und der ist nicht weniger unpopulär. »I« wird beim Brummie zu »Oy« und der Rest eines Satzes bleibt beinahe in einer einzigen monotonen Tonlage. Ein »y« am Ende eines Wortes wird zum »ay« und aus einem kurzgesprochenen »i« innerhalb eines Wortes entsteht ein langgezogenes »iiiiii«.

Auch in London ist man vor Akzenten nicht sicher – nicht nur jenen der zugezogenen Engländer aus dem ganzen Land. In der City of London und dem East End wird traditionell Cockney gesprochen, ein regionaler Dialekt, dem früher das Image der Arbeiterklasse anhaftete. Heute gilt Cockney eher als cool, weil er der eindeutige Beweis dafür ist, dass jemand auch wirklich aus London kommt. Cockney zeichnet sich dadurch aus, dass das »H« gern verschluckt wird, das »th« wird je nach Aussprache zum »f« oder zum »w«, das »T« innerhalb von Wörtern verschwindet fast gänzlich und weicht eher einem leichten, aus dem Kehlkopf herausgewürgten Mischmasch. Viel entscheidender beim Cockney aber ist der Reim. Einzelne Wörter werden ersetzt durch neue, sich darauf reimende. Für Außen-stehende ist es spätestens dann oft nicht mehr nach-vollziehbar. Manchen kommt es regelrecht Spanisch vor ...

Harte Fakten

Mit zunehmender Globalisierung tritt zunehmend ein Problem der Engländer hervor: Englische Mut-tersprachler sind die schlechtesten Kommuni-katoren der Welt, wie die BBC vor einigen Jahren herausfand. Weil sie sich in ihrer eigenen Sprache sicher fühlen, verstünden sie zu wenig, was Eng-lisch sprechende Ausländer mitunter mit ihren Ausführungen meinen. Während sich Ausländer unterschiedlicher Muttersprachen meist auf ein Level des Englischen einpendeln, bringen Englän-der die Kommunikation mit eigenen Ausdrücken und unterschiedlichen Einschätzungen immer wieder durcheinander. Das Ganze habe in Unter-nehmen bereits in vielen Fällen zu gescheiterten Projekten geführt, berichtete die BBC. Ein Muster-beispiel ist das Wort »interesting« – während dies in vielen Sprachen ernstgemeint und durchaus positiv besetzt ist, gilt »interesting« in England eher als vernichtendes Urteil, im Sinne von lang-weilig.

ENGLÄNDER HALTEN DIE ERINNERUNG WACH

27
Nationalsozialismus

Prinz Philipp, der 2021 verstorbene Mann von Queen Elizabeth II., war in Großbritannien ein Garant für außergewöhnlich peinliche Bemerkungen. 1997 sorgte er beinahe für deutsch-britische Verwicklungen, als er bei einem Treffen mit dem damaligen deutschen Bundeskanzler Helmut Kohl einen schnellen Witz machen wollte. Er begrüßte ihn mit den Worten: »Willkommen, Herr Reichskanzler!«

Dazu muss man zwei Dinge wissen. Engländer verfügen von Geburt an über einen so derart sarkastischen Humor, dass er – wenn man sich drauf einlässt – unfassbar komisch, weil dreist ist. Wenn man sich allerdings nicht drauf einlässt, klingt er nur noch außergewöhnlich frech. Und viel wichtiger: Engländer haben ein, sagen wir, entspanntes Verhältnis zum Zweiten Weltkrieg. Zumindest entspannter als manch andere Nation, die sich damals in einer ganz anderen Rolle sah. Sicher, der Zweite Weltkrieg war auch für Großbritannien keine schöne Zeit – die Deutschen hatten damals zahlreiche Städte in England bombardiert, außerdem ließen viele Briten im Kampf gegen die Nazis ihr Leben. Aber letztlich sieht die kriegserfahrene Nation, die zahlreiche ihrer Kolonien irgendwann einmal mit Heeren von Soldaten erobert hat, die Nazis mehr oder weniger als einen weiteren Gegner an. Und zwar als einen weiteren, den man besiegt hat.

Es ist in England völlig normal, etwa in Antiquariaten große Abteilungen mit Sachbüchern über die Nazis vorzufinden. Auf den Kanalinseln, dem einzigen britischen Teil, der während des Zweiten Weltkrieges von den Deutschen besetzt war, gibt es ganze Museen zu dieser Zeit. Das in Deutschland auf dem Index stehende Hitler-Buch *Mein Kampf* ist in England frei verkäuflich. Und wer ein Kostüm braucht, muss in Großbritannien für eine Nazi-Uniform nicht lange suchen. Er wird sie in jedem halbwegs besser sortierten Kostümverleih finden.

Das erfuhr auch Prinz Harry 2005, als er im Alter von 20 Jahren bei den Überlegungen nach einem passenden Äußeren für eine Kostümparty war. Er entschied sich ausgerechnet für ein Nazi-Outfit und wurde

Warum Sie

IMMER

wieder nach

ENGLAND

reisen sollten

1 weil Engländer immer **höflich** sind,

2 weil England das **multikulturellste Land Europas** ist,

3 weil die **englische Küche** viel besser als ihr Ruf ist,

4 weil auch die englische **Eisenbahn mal pünktlich** ist,

5 weil **das Pint** das Maß aller Dinge ist,

6 weil Englisch nirgends so **dezent klingt** wie in England,

7 weil die **Kreidefelsen von Dover** die schönsten Klippen der Welt sind,

8 weil niemand in **Cornwall** Rosamunde Pilcher kennt,

9 weil **Pferderennen** nur in England wirklich Stil haben,

10 weil das **englische Bier** einfach exzellent ist,

11 weil es überall **Gin** gibt,

12 weil **Trends** immer aus England kommen,

13 weil **Linksfahren** das neue Rechtsfahren ist,

14 weil **die Queen** über allem thront,

15 weil man einmal im Leben die Ansage **»Mind the Gap«** gehört haben muss,

16 weil einige der großartigsten **Kathedralen** Europas hier stehen,

17 weil die **Beatles** nun mal von hier stammen,

18 weil sich Engländer **nie vordrängeln**,

19 weil **Stonehenge** nirgendwo anders zu finden ist,

20 weil nur **Miss Marple** jeden Fall lösen kann,

21 weil **Inseln** einfach immer schön sind,

22 weil man **sonntags einkaufen** kann,

23 weil die **Toilettenbenutzung an Raststätten kostenlos** ist,

24 weil man westlich von Italien nirgends besseren **Kaffee** bekommt,

25 weil **Brexit-Diskussionen im Unterhaus** zu einer Tradition wie Weihnachten geworden sind,

26 weil Engländer **Witz** haben,

27 weil schon die **Römer** hierhin kamen,

28 weil **Silvester** nicht jeder knallt,

29 weil dort ein **Home** oft ein Castle ist,

30 weil dort der beste **Fußball** gespielt wird,

31 weil die Londoner Ringautobahn M25 **die schönsten Staus der Welt** fabriziert,

32 weil es in England überall **Theater** gibt,

33 weil dort **jeder so akzeptiert wird, wie er ist**,

34 weil **Margaret Thatcher nicht** mehr politisch aktiv sein kann,

35 weil schmutzige **Restaurants** öffentlich denunziert werden,

36 weil die **Supermärkte** so schön groß sind,

37 weil **Paddington Bear** nun mal auch hier war,

38 weil England das Land der schönen **Typografien** ist,

39 weil man **Fisch und Meeresfrüchte** in Hülle und Fülle bekommt,

40 weil man dort überall auf **Veganer und Vegetarier** eingestellt ist,

41 weil **Bio und jahreszeitliche Ernährung** großgeschrieben werden,

42 weil man dort vielerorts **im Bus oben sitzen** kann,

43 weil **Big Ben** so schön die Stunde schlägt,

44 weil **Wandern** hier zum guten Ton gehört,

45 weil **indisches Essen** höchstens noch in Indien besser schmeckt,

46 weil nur dort **Beans on Toast** als ganz normales Gericht angesehen werden,

47 weil man einmal im Leben ein **Cricket-Match** gesehen haben sollte,

48 weil **Telefonzellen** einfach **rot** sein müssen,

49 weil es dort den besten **Lunch** der Welt gibt,

50 weil es fast **nie schneit**,

51 weil immer irgendwas **blüht**, selbst aus Mauern heraus,

52 weil der **Union Jack** die schönste Flagge der Welt ist,

53 weil jeder **Straßenmusiker** reif für einen Plattenvertrag wäre,

54 weil es dort immer **eine Stunde früher** ist,

55 weil ohne **James Bond** die Welt längst verloren wäre.

irgendwann am Abend leicht angetrunken mit Hakenkreuz-Armbinde, Zigarette und Longdrink-Glas fotografiert. Schon damals blieben Fotos von Prominenten nicht einfach in irgendeinem privaten Fotoalbum oder auf dem Speicherstick einer Digitalkamera. Harrys Auftritt fand schneller als vieles andere den Weg in die Medien. Die Boulevardzeitung *The Sun* druckte das Bild kurz nach der Party auf ihrer Titelseite, verbunden mit der Schlagzeile »Harry the Nazi«.

Solch ein Auftritt auf irgendeiner Party geschieht in England vermutlich Hunderte Male im Jahr – für ein Mitglied des Königshauses aber schien dies dann doch eine Spur zu viel zu sein. Harry musste sich öffentlich entschuldigen, nachdem ein Aufschrei nicht nur durch die jüdischen Gemeinden des Landes gegangen war. Der jüngste Sohn von Prinz Charles hatte sein Image weg als Zeitgenosse mit einem leicht eingeschränkten Denkvermögen. Er musste später erst Soldat in Afghanistan werden, bis man ihn wieder ernst nahm.

Auch in Literatur, Fernsehen und Film greifen die Engländer das Thema Nationalsozialismus immer wieder gern auf. Legendär ist bis heute eine Folge der Siebzigerjahre-Fernsehserie *Fawlty Towers*, in der John Cleese alias Basil Fawlty ein geflügeltes Wort schuf, das bis heute Bestand hat: »Don't mention the war«, erwähne den Krieg nicht. Es geht in der Folge darum, dass eine Gruppe deutscher Gäste in Fawltys Pension erwartet wird. Er ist fortan damit beschäftigt, seinen

Angestellten einzubläuen, den Zweiten Weltkrieg nicht zu erwähnen, weil er glaubt, dies könne die Gäste verstören. Nach einer Serie von Chaosaktionen ist er es am Ende, der im Stechschritt durch den Raum läuft und Bemerkungen über Hitler und den Krieg macht: »Wir waren es nicht, die begonnen haben!«

Harte Fakten

Rechtsextremismus ist auch in England durchaus verbreitet. Bestes Beispiel in der Parteienlandschaft ist die British National Party (BNP), deren Mitgliedschaft bis 2010 tatsächlich nur Weißen vorbehalten war. Ein Gericht untersagte diesen Passus in den Parteistatuten aber schließlich. Daneben gibt es noch die National Front und die National Democrats, die allesamt ursprünglich mal eine Partei gebildet haben. Größter Erfolg der BNP war 2009 der Einzug ins Europäische Parlament mit zwei Sitzen. Bei Unterhauswahlen, wo wegen des britischen Mehrheitswahlrechts ganze Wahlkreise gewonnen werden müssen, um im Parlament vertreten zu sein, spielte die Partei hingegen nie eine Rolle. Mit dem Erstarken der UK Independence Party (UKIP) und deren Nachfolger Brexit Party verloren die klassischen rechtsextremen Parteien zudem extrem an Popularität, da die neuen EU-feindlichen Gruppierungen in der Regel auch die Standardprogrammpunkte der Rechten im Programm aufnahmen.

ENGLÄNDER SOLLTEN BESSER NIE KRANK WERDEN

Im Jahr 2018 feierte der NHS, der nationale Gesundheitsdienst in Großbritannien, sein 70-jähriges Bestehen. Doch zum Feiern war eigentlich niemandem zumute. Wieder einmal war in den Medien von Betten auf Krankenhausfluren zu lesen, von jahrelangen Wartezeiten auf Operationen, von Ärztemangel, Hygieneskandalen und manch anderem. Der NHS war längst zum Synonym geworden für Misswirtschaft und hoffnungslose Überforderung. Mit der Corona-Krise aber wurde den Briten 2020 deutlicher denn je vor Augen geführt, in welch lebensgefährlichem Zustand sich der NHS befindet.

Das Land rutschte leichtfertig in eine Pandemie, die es medizinisch nicht zu stemmen vermochte – was sich schon früh an den Zahlen ablesen ließ: Großbritannien verfügt statistisch gesehen je 100.000 Einwohner gerade einmal über 6,6 Betten auf Intensivstationen, und genau auf die kam es in der frühen Phase der Krise an – das zeigte damals die Entwicklung in China, wo das Coronavirus zuerst entdeckt worden war. In Deutschland sind es 29,2 Intensivbetten pro 100.000 Einwohner, selbst die USA sind England mit 34,7 Betten in dieser Hinsicht weit überlegen.

Nun hängt medizinische Versorgung nicht allein an der Zahl der Intensivbetten, doch auch die Sterblichkeitsrate während der Corona-Pandemie unterstrich, dass im Vereinigten Königreich medizinisch einiges im Argen liegen muss. Bis September 2020 verzeichnete das Land je eine Million Einwohner 612 coronabedingte Todesfälle und befand sich damit statistisch gesehen auf einer Ebene mit Staaten wie Brasilien (609), Chile (615) und Spanien (635). In Deutschland lag die Zahl im selben Zeitraum bei 112. Das Schlimmste am desolaten NHS aber ist: Die meisten Briten sind auf ihn angewiesen, wenn sie mal krank werden.

Die Idee hinter diesem System ist im Grundsatz so simpel wie genial: Wer krank wird, erhält kostenlose Behandlungen. Engländer gehen dafür in eine Gemeinschaftspraxis, wenn sie krank werden. Krankenhäuser sind für die stationäre und ambulante fachärztliche Versorgung der Patienten zuständig. Rund

95 Prozent dieser Krankenhäuser werden vom NHS betrieben, der Rest privat. Bis auf Zahn- und Augenuntersuchungen werden alle fachärztlichen Belange in Krankenhäusern behandelt – es sei denn, man sucht sich auf eigene Kosten eine Privatpraxis. Gleiches Recht für alle, im Idealfall eine landesweit einheitlich gute Versorgung. Zumindest in der Theorie. Das System wird aus Steuergeld finanziert, nicht aus Sozialversicherungsbeiträgen. Vielleicht ist das der Grund, weshalb es sich im Laufe der Jahrzehnte zu einer Art Behörde unvorstellbaren Ausmaßes auswuchs.

2018 gaben die britischen Steuerzahler 156 Milliarden Pfund für den NHS aus – zwölfmal so viel wie zur Gründung im Jahr 1948 und dies bereits inflationsbereinigt. Mit anderen Worten: Fast ein Drittel der Ausgaben für öffentliche Dienstleistungen landen beim NHS. Das klingt viel, ist im Vergleich zum Anteil am Bruttoinlandsprodukt gegenüber dem Rest der EU aber bestenfalls Durchschnitt. Länder wie Frankreich, Deutschland und Schweden liegen deutlich darüber.

Die Dienstleistung selbst ist in England oft miserabel. Der NHS selbst setzt sich das Ziel, Notfallpatienten innerhalb von vier Stunden zu behandeln – doch nicht mal diese komfortable Anforderung erreicht er in allen Fällen. In England lag die Quote 2010 noch bei rund 97 Prozent. 2018 war sie bereits auf 88 Prozent gerutscht. Viele gehen deswegen bei den ersten Anzeichen einer Krankheit zunächst in eine Apotheke, um sich selbst zu versorgen –

die sind in England meist in großen Drogeriemärkte integriert und verfügen im Selbstbedienungsbereich über ein breites Sortiment günstiger nicht-rezeptpflichtiger Medikamente. Mehr noch: Drogerieketten wie Boots und Superdrug bieten in einigen Filialen auch einfache medizinische Beratungen und Impfungen an.

Der Haupteinflussfaktor auf die Probleme des NHS ist – wie in allen Ländern – die gesteigerte Lebenserwartung. Sie liegt heute in England 13 Jahre über jener aus dem Gründungsjahr des NHS, 1948. Werden Menschen älter, gehen sie auch öfter zum Arzt. Und sie verursachen durchschnittlich höhere Kosten: Laut NHS-Statistik investiert der Gesundheitsdienst zweieinhalbmal mehr in die Gesundung eines 65-Jährigen als in jene eines 30-Jährigen. Einen 90-jährigen Patienten gesund zu machen, beanspruche sogar mehr als siebenmal so viel Geld.

Dabei gibt es immer wieder Kritik an der Versorgung älterer Menschen. So sollen einer Untersuchung zufolge 1,4 Millionen Briten über 65 Jahre aus Kostengründen nicht die medizinische Hilfe bekommen, die sie eigentlich benötigen. Immer wieder ist die Rede von Altersgrenzen bei Operationen – so sollen ältere Patienten oft etwa eine Hüft-OP oder anderes selbst finanzieren, weil der NHS die Kosten nicht mehr übernehmen will.

Auch der Personalmangel begleitet das britische Gesundheitssystem wie eine chronische Krankheit. 2019 blieben in England 100.000 Stellen im Gesundheitssystem unbesetzt. Es fehlten allein 10.000 Ärzte. Wartezeiten für Operationen von bis zu einem Jahr machen immer wieder Schlagzeilen.

Die Labour-Regierung unter Tony Blair versuchte diesem Mangel nach der Jahrtausendwende mit drastischen Mitteln entgegenzutreten: Britische Patienten wurden für Operationen ins Ausland geflogen, unter anderem nach Deutschland, wo sie in den dortigen Krankenhäusern nach NHS-Standards behandelt wurden. So mussten deutsche Kliniken dafür beispielsweise Vorhänge als Sichtschutz einbauen, mit denen ein Bett in einem Mehrbettzimmer vom anderen abgetrennt werden konnte. Im Gegenzug holten Briten zu Hauf deutsche Ärzte nach England, wo sie tage- und wochenendweise Schichtdienste übernahmen. Die Mediziner nahmen das Angebot dankend an – viele sahen die Arbeit als stressfreier als daheim an und erhielten einen exzellenten Nebenverdienst. Irgendwann wurde es aber auch Labour zu teuer und ihre konservativen Nachfolger ließen den NHS ohnehin wieder in den Hintergrund rücken. Wie man inzwischen weiß, geschah dies mit einem Hintergedanken: Die Tories liebäugeln damit, das staatliche Gesundheitssystem zumindest in Teilen zu privatisieren.

Viele Engländer halten sich einstweilen an ein schlichtes Vorhaben: möglichst nicht krank werden. Der Umsatz der Vitaminpräparatebranche wächst seit Jahren beharrlich. Einer Untersuchung zufolge nahmen im Jahr 2016 insgesamt 65 Prozent aller erwachsenen Briten solche Mittel ein.

ENGLÄNDER HÄNGEN AM BEUTEL

Tee stilvoll trinken wie die Briten«, war kürzlich in einer Tageszeitung nachzulesen. Es folgte die ganze Liste jener Eigenschaften, die man einer Teestunde in besserem Hause zuschreibt: Finger abspreizen, Untertasse immer schön mit in die Hand nehmen und vieles mehr. Das klingt alles immer sehr fein und sieht auch so aus, wenn man es denn mal in dieser Weise sieht. Was aber nie geschrieben wird: In der Kanne befindet sich fast immer ein Teebeutel. Viel wird öffentlich philosophiert über die Teenation Großbritannien. Doch wer nicht gerade ein Fünf-Sterne-Hotel zum Afternoon Tea aufsucht, wird über die Qualität eines Supermarktteebeutels nicht hinauskommen.

2019 war Twinings der erfolgreichste Teehersteller Großbritanniens – und den kennen die meisten durch seine Reihe an Teebeuteln im Supermarkt. Auf Platz zwei landete PG Tips, Rang drei belegt Yorkshire und die Reihe an industriell gefertigten Produkten geht so weiter. Teeexperten verdrehen bei vielem, was da in der Kanne landet, die Augen. Egal welche Sorte man auch nimmt: Am Ende ist es meist Massenware, gefangen in einem maschinell gefertigten Säckchen. Stilvoll? Das scheint zumindest Definitionssache zu sein.

Im Jahr 2015 untersuchten Forscher des University College London das Teetrinkverhalten der Briten. Ihr Ergebnis: 80 Prozent der Befragten hatten keine Ahnung, wie man Tee wirklich zubereitet. Während die meisten Teesorten zwischen zwei und fünf Minuten ziehen sollten, begnügen sich der Studie zufolge die weitaus meisten Briten mit weniger als zwei Minuten. Ein frustrierendes Ergebnis, wie die beteiligten Forscher damals unter anderem im *Daily Telegraph* zu erkennen gaben: »Ich denke an all die Menschen, die diese Pflanzen anbauen und pflücken, damit Sie dieses wunderbar komplexe Getränk erleben«, wurde ein Beteiligter zitiert. »Und in letzter Minute werfen die Briten das alles weg, indem sie es schlecht brühen.«

Dabei war der Teebeutel alles andere als eine englische Erfindung. Ein Amerikaner, Thomas Sullivan, entwickelte ihn zu Beginn des 20. Jahrhunderts – allerdings in erster Linie, um den Tee portionsweise zu verkaufen. Das Papier sollten die Käufer eigentlich vor dem Aufbrühen entfernen. Taten sie aber nicht, denn sie fanden es so viel praktischer. Adolf Rambold, ein Deutscher, entwickelte 1929 eine Maschine, die Tee in Beutel verpackte. Zu dem Zeitpunkt war England längst die führende Teenation der westlichen Welt – und dies damals offenbar tatsächlich noch mit Stil. Loser Tee war an der Tagesordnung. Der Teebeutel aber sollte alles verändern – bis heute.

Aber

Wer sucht, findet auch in England Lichtblicke am Teehorizont. Kleine Teehersteller versuchen sich in allen Teilen des Landes mit einer Auswahl hervorragender loser Teesorten. Bekanntester Vertreter der Premiumtees ist Whittard of Chelsea, ein in London gegründetes Unternehmen mit Filialen in vielen weiteren Städten. 400 Jahre nach Entstehen der späteren East India Company, mit der die Kolonialisierung unter anderem Indiens, Singapurs und Hongkongs begann, existiert auch wieder eine Handelskette selben Namens, die ebenfalls auf gute Teesorten spezialisiert ist. Und auch junge, hippe Coffeeshops bemühen sich zunehmend, auch bei Tee wieder zu alten Maßstäben zurückzufinden.

ENGLÄNDER MÜSSEN SICH ZWANGHAFT ANSTELLEN

Für viele Wimbledon-Fans beginnt das jährliche Turnier in einem Zelt. In einem kleinen Park gegenüber dem All England Lawn Tennis and Croquet Club versammeln sie sich in jedem Sommer, um tagelang zu campen. Morgens um 5 Uhr werden sie von Platzwächtern geweckt, um anschließend stundenlang geduldig in einer Schlange für Tickets anzustehen. Es gibt maximal eines für jeden, so will es die Tradition. Die »Wimbledon Queue«, die Schlange von Wimbledon, ist das wohl deutlichste Beispiel für die sehr eigene britische Vorliebe, stunden-, wenn nicht tagelang anstehen zu können. Die »Queue« gehört zu Wimbledon wie Erdbeeren mit Champagner. Manche Engländer behaupten sogar, es gehe hier im Süden Londons heutzutage beinahe mehr um die Schlange als ums Tennis.

Viele halten es für ein Klischee, dass Briten beinahe zwanghaft anstehen. Doch wer das Gegenteil behauptet, sollte einmal an beliebiger Stelle in England versuchen, sich vorzudrängeln. Es wird nicht gelingen – oder demjenigen durch die vernichtenden Reaktionen der Übergangenen jahrelang Albträume bescheren. Schlange stehen ist ein britisches Kulturgut. Egal, ob an der Kasse, bei einer Behörde, an der Bushaltestelle, bei McDonald's, vor der Toilette, am Parkscheinautomat oder dem Flohmarkt – selbst an der Rutsche auf dem Spielplatz bekommen es Kinder schon früh im Leben eingebläut. Überall wo mindestens zwei Menschen aufeinandertreffen, bildet sich in unfassbarer Geschwindigkeit eine Warteschlange. Selbst im Pub geht es trotz teilweise unüberschaubarer Menschentrauben am Tresen fast immer gerecht zu: Wer zuerst kommt, mahlt zuerst. Wer sich vordrängelt, kann schon mal – selbstverständlich aus Versehen – angerempelt werden.

Theresa May erntete 2018 selbst in den eigenen Reihen Rügen, als sie öffentlich kundtat: EU-Arbeitnehmer würden nach dem Brexit nicht mehr in der Lage sein, sich »vorzudrängeln«, um im Vereinigten Königreich zu leben und zu arbeiten. Vordrängeln gilt in Großbritannien als so etwas wie eine Todsünde. Es jemandem vorzuwerfen ist im Umkehrschluss ein Affront.

Forscher des University Colleges in London haben das Schlangestehen wissenschaftlich untersucht. Ihr Ergebnis: Engländer warten durchschnittlich sechs Minuten in einer Schlange, bevor sie frustriert aufgeben. Zudem sei es unwahrscheinlich, dass sich Menschen anstellen, wenn sich vor ihnen bereits mehr als sechs weitere Personen befinden. Für seine Studie hat das University College unterschiedliche Warteschlangen untersucht – vom Geldautomaten über Supermärkte bis zu Banken.

Genauer betrachtet wurden vom University College auch die No-Gos beim Schlangestehen. An der Spitze der Liste steht erwartungsgemäß das Vordrängeln. Ungewöhnlicher ist da schon einer der nächsten Punkte: vorgelassen zu werden. Bietet ein Engländer jemandem an, eine Position in der Warteschlange zu überspringen, sollte man tunlichst ablehnen. Denn, so die Forscher in ihrer Studie: In der britischen Warteschlangenkultur werde Akzeptanz nicht nur als unhöflich empfunden. Vielmehr verliere der Vorgelassene auch noch jeglichen Respekt bei den Verbliebenen in der Schlange.

Eine andere vom SB-Terminalanbieter Kurve Kiosk in Auftrag gegebene Studie ergab 2019, dass der durchschnittliche Brite 47 Tage seines Lebens in einer Schlange verbringt. Die Mehrheit der 2.000 Befragten gab an, wöchentlich etwa 51 Minuten zu warten, Zeiten im Straßenverkehr eingeschlossen. Die längste Zeit, die die Befragten im Durchschnitt gewartet haben, war etwas über eine Stunde – und nur 42 Prozent beschwerten sich darüber.

Beim Warten verpufft wertvolle Lebenszeit, man kann andere Termine mitunter nicht einhalten, Jobs gehen im schlimmsten Fall verloren und Freundschaften zu Bruch. Eigentlich ist Warten erst seit der Erfindung des Smartphones halbwegs auszuhalten. Wie konnte eine Nation bloß so sehr Gefallen daran finden? Lange wurde die Mär gestreut, Engländer hätten während des Zweiten Weltkrieges beim Anstehen nach rationalisierten Lebensmitteln ihre Vorliebe für die Warteschlange entdeckt. Es gilt aber als sicher, dass sich diese skurrile britische Leidenschaft weit davor entwickelt hat, offenbar im frühen 19. Jahrhundert. Mit Beginn der industriellen Revolution zog es die Engländer in die Städte, die auf die Masse an Menschen oft noch nicht vorbereitet waren. Im Alltag mussten die Menschen lernen, sich beim Lebensmittelkauf und anderem zu organisieren. Spätestens mit der Einführung der Eisen- und später der U- und Straßenbahnen etablierte sich die Warteschlange.

ENGLÄNDER PFLEGEN SELTSAME BRÄUCHE

Engländer sind super seriös, oder? Höflich, zurückhaltend, dezent gekleidet, stets darauf aus, eine Eins plus in gutem Benehmen zu bekommen. Aber wie das immer so ist bei zu viel Vorbildfunktion – irgendwann muss es raus. Was sich über Wochen aufgestaut hat, verlangt in Form von Albernheit oder abstrusen Bräuchen an die Freiheit zu gelangen. Und so erkennt man zu unterschiedlichen Terminen im Jahr den ansonsten höflichen, zurückhaltenden, dezenten Engländer kaum wieder.

Der Faschingsdienstag ist so ein Fall. Shrove Tuesday heißt er traditionell im Land, längst trägt dieser Tag aber auch den Beinamen Pancake Day. Denn mit Beginn der Fastenzeit sollten alle Vorräte unter anderem an Eiern, Butter und Milch aufgebraucht sein, deswegen packten findige Köche kurz vor Aschermittwoch alles zusammen in eine Schüssel und backten Pfannkuchen daraus. Soweit, so gut. Mit der Zeit aber wurde aus dem einfachen Mittagessen ein ganzer Wettbewerb. Heute gibt es an vielen Stellen in England Pancake Races – Menschen mit einem Pfannkuchen in einer Bratpfanne in der Hand laufen durch x-beliebige Orte um die Wette. Zu Beginn und zum Ende müssen die Pfannkuchen meist einmal in der Luft gewendet werden. Dieser Brauch soll seinen Ursprung im Jahr 1445 haben, als eine Frau in Olney (Buckinghamshire) beim Braten ihrer Pancakes die Kirchenglocken läuten hörte und überstürzt – mit Pfanne in der Hand – zum Gottesdienst aufbrach.

In Cooper's Hill (Gloucestershire) braucht man für seltsame Bräuche keine Pfanne. Hier ist es ein Käselaib, der die Bewohner zum Wettrennen veranlasst. Einmal im Jahr rollt er einen Hügel hinunter und ein paar Tausend Teilnehmer rennen ihm hinterher. Ziel ist es, den Käselaib auf seinem Weg hinab ins Tal einzuholen – was aber nicht zu schaffen ist. Insofern gewinnt stets der Schnellste, der nach dem Käse unten angekommen ist.

Einmal im Jahr protestieren Radfahrer an mehreren Orten der Welt gegen ihrer Ansicht nach zu autofreundliche Städte. Das größte dieser Rennen findet traditionell in London statt, was angesichts des dichten Verkehrs in der Stadt nicht weiter überraschend ist. Ungewöhnlich ist die Form des Protests: Die Radfahrer fahren nackt durch London. Jedes Jahr, und das mit Ankündigung. Der World Naked Bike Ride ist längst eng verbunden mit der britischen Hauptstadt.

In Ashbourne (Derbyshire) wird in jedem Jahr am Faschingsdienstag und Aschermittwoch das vermutlich längste und größte Fußballspiel der Welt ausgetragen – zumindest aber das mit den unkonventionellsten Regeln. Beim Royal Shrovetide Football wird der gesamte Ort in ein Fußballfeld verwandelt, alle Teilnehmer – egal, ob Männer, Frauen oder Kinder – werden in zwei Teams von jeweils mehr als 100 Spielern eingeteilt. Das Spiel dauert pro Tag acht Stunden, von 14 bis 22 Uhr. Die wesentlichen Regeln sind: Gespielt wird nicht auf Friedhöfen, Gedenkstätten oder Privatbesitz (sonst aber quasi überall), der Ball darf nicht in Taschen versteckt werden und auch nicht per Fahrzeug von A nach B transportiert werden und – nicht ganz unwichtig, wie die Vergangenheit gezeigt hat – unnötige Gewalt ist untersagt. Und ein Tor ist erst ein gültiges Tor, wenn es der Ball dreimal hintereinander berührt. Das Spiel in dieser Form gibt es bereits seit dem 12. Jahrhundert.

Acht Männer mit geschwärztem Gesicht, Holzspulen an den Knien und Holzschuhen an den Füßen tanzen jedes Jahr am Ostersonntag nonstop sieben Meilen (rund 11,3 Kilometer) durch die Straßen von Bacup (Lancashire). Der ganze Spaß dauert zwölf Stunden und soll an eine Truppe von Clog-Tänzern erinnern, die in Kohleminen (deswegen die geschwärzten Gesichter) und Baumwollmühlen (deswegen die Spulen) der Umgebung beschäftigt waren.

Combe Martin (Devon) ist in jedem Jahr Schauplatz einer gespielten Fahndung. Bewohner jagen einem in Sackleinen gekleideten und mit einer Maske verhüllten Mann nach, der einen »Earl of Rone« darstellen soll. Ab und zu fangen sie ihn, spielen, dass sie ihn erschießen, bis dann ein Steckenpferd kommt und ihn wiederbelebt. Das ganze Spiel endet, wenn der Mann das Meer erreicht hat. Die ungewöhnliche Jagd soll ihre Wurzeln im Jahr 1607 haben, als der Earl of Thyrone aus Irland geflohen sein und an der Küste von Combe Martin Schiffbruch erlitten haben soll. Ein Regiment hatte ihn damals offenbar gejagt – ausreichend für einen jahrhundertealten Brauch, der allerdings zumindest in der viktorianischen Zeit wegen Zügellosigkeit verboten war.

Gut zu wissen

Einmal im Jahr gedenkt England ausgerechnet mit Feuerwerk und Fackelzügen einem Sprengstoffanschlag auf das Parlament in Westminster.

Die Bonfire Night am 5. November erinnert an Guy Fawkes, der genau an diesem Tag im Jahr 1605 König Jakob I. bei dessen Parlamentsrede in die Luft jagen wollte. Der Anschlag scheiterte, Fawkes wurde hingerichtet – doch bis heute wird vor jeder jährlichen Parlamentseröffnung das Kellergewölbe unter dem Parlament durch die königliche Leibwache inspiziert. Guy Fawkes wurde 2005 in der Liste der »100 wichtigsten Briten« immerhin auf Platz 30 geführt. Bis heute hält sich unter Engländern der Witz, wonach Fawkes der einzige Mann war, der je mit ehrlichen Absichten ins Londoner Parlament gegangen sei.

ENGLÄNDER LIEBEN HOHE STRAFEN

32
Bußgeld

M al ehrlich, wann halten Sie sich an die Geschwindigkeitsbegrenzungen? Stehen Sie nicht auch dann und wann mal kurz im Halteverbot? Überziehen die Zeit am Parkautomaten? Parken auf dem Gehweg? In England muss man für solche Vergehen mitunter einen Kleinkredit aufnehmen, zumindest wenn man dabei erwischt wird. Und das ist gar nicht so selten. Fast jede Kommune legt gesteigerten Wert auf die Einnahmen aus solchen Vergehen und unterhält deswegen ein Heer von Mitarbeitern, die mitunter den ganzen Tag eine einzige Straße auf- und ablaufen. Soll heißen: Wer sich im englischen Straßenverkehr etwas zu Schulden kommen lässt, zahlt mit ziemlicher Sicherheit. Engländer echauffieren sich gern und oft über Singapur als »Fine City«, als Stadt der abstrus hohen Strafen für jedes noch so banale Vergehen. In Wahrheit ist ihr eigenes Land davon nicht so weit entfernt.

Wer bei Rot über die Ampel fährt, kann beispielsweise mit 1.000 Pfund zur Kasse gebeten werden – was besonders kurios anmutet, ist es unter Fußgängern in England doch üblich, gerade bei Rot zu gehen. Zu schnell fahren kann je nach Art der Straße – Autobahn oder Tempo-20-Zone – zwischen 100 und 2.500 Pfund kosten. Beim Fahren ohne Sicherheitsgurt kann man mit 500 Pfund dabei sein und für die Nutzung eines Smartphones am Steuer werden 200 Pfund fällig. Selbst ein kleiner Schlenker über eine Busspur kann 200 Pfund kosten und richtig krass wird es für all jene, die ohne vorherige Anmeldung die Umweltzone in London befahren – bis zu 1.000 Pfund pro Vergehen. Wenn man bedenkt, dass viele Engländer gar nicht mal so wahnsinnig viel verdienen, investieren zumindest einige von ihnen einen ordentlichen Teil ihres Jahresgehalts nur ins Bußgeld.

Es wird umso teurer, da England zugleich das Land der Überwachung ist. Jeder halbwegs öffentliche Ort ist mit CCTV-Kameras bestückt, Kameras, auf die die Polizei entweder unmittelbar oder rückwirkend Zugriff hat. Auch Straßen werden überwacht, zum Teil durch Kennzeichenerkennung. In Innenstädten, auf Landstraßen und Autobahnen gibt es überall in unregelmäßigen Abständen Blitzer. Dazu hat sich eine weitere Form der Verkehrsüberwachung durchgesetzt: die Durchschnittsgeschwindigkeitsmessung. Über eine gewisse Distanz erfassen Kameras dabei die Kennzeichen von Autos, ein Computer ermittelt durch den Zeitraum, den ein Fahrzeug von einer Kamera zur anderen benötigt, ob es zu schnell war. Erfolgsquote: annähernd 100 Prozent. In Deutschland wurde jahrelang über eine solche Form der Überwachung debattiert. In England ist sie inzwischen flächendeckend im Einsatz.

Private Parkplätze sind in England häufig mit Parkscheinautomaten bestückt, doch auch hier setzt sich die Kennzeichenerkennung durch: Wer einen solchen Parkplatz befährt, hat meist 15 Minuten Zeit, um für sein Kennzeichen die Parkgebühr zu entrichten. Strafen bei Vergessen: mindestens 50 Pfund, oft sogar das Doppelte.

Engländer haben sich mit diesem sich ständig erhöhenden Bußgeld arrangiert. Viele halten sich an die Gesetze, andere haben eine Strategie entwickelt, mit der sie Strafen umgehen. Wegen der vielen fest installierten Blitzer gibt es vergleichsweise wenig mobile Kontrollen – und die Standorte von Dauergeschwindigkeitsmessungen sind beispielsweise in Navigationsgeräten stets gut vermerkt. Über die Nutzung solcher Radarwarner wird zwar auch in England viel diskutiert – zu einem Verbot wie in anderen Ländern konnte man sich hier allerdings bis 2019 nicht durchringen.

Der Engländer liebt hohe Strafen – aber er weiß auch, wie er sie umgeht.

ENGLÄNDER RASTEN VOR DER HOCHZEIT AUS

33

Junggesellenabschiede

Junggesellenabschiede können grandiose Abende sein – es kommt immer darauf an, wer ihn organisiert und wie sehr das Ganze ausartet. Unter Engländern artet es in der Regel schon während der Organisation aus. Es gibt selten reine Junggesellenabschiedsabende. Vielmehr hat es sich eingebürgert, mindestens ein ganzes Wochenende daraus zu gestalten. Die Internetseite Stagweb listet allein 39 Ziele im Vereinigten Königreich auf, die sich ideal für einen solchen Anlass eignen – von Bath über Manchester bis York. Noch beliebter allerdings sind längst Reisen in andere Länder. Hamburg, Prag, Barcelona, Nizza – es gibt nur wenig Ziele von europäischen Billigairlines, die vor einem englischen Junggesellenabschied sicher wären.

In England nennt man solche Events »stag party«, Hirschparty, bei Frauen entsprechend »hen night«, Hennennacht. Diese Bezeichnungen sagen im Grunde schon alles über das Programm aus: Ein Junggesellenabschied beginnt in der Regel mit Bier am Flughafen oder Bahnhof und endet nach einem langen Wochenende voller Bier und anderer alkoholischer Getränke mit – einem Bier am Flughafen oder Bahnhof. Dazwischen liegen im Kern diverse Barbesuche, denn Stag and Hen Nights sind am Ende nichts anderes als ausufernde Pub Crawls, Kneipenzüge. Fast immer einigt man sich auf ein gemeinsames Outfit, das mindestens ein einheitliches T-Shirt umfasst, auf dem beinahe schon obligatorisch irgendein Name und, wenn man Pech hat, auch ein Spruch stehen, die eindeutig auf den Bräutigam hinweisen. Es wird bei englischen Junggesellenabschieden gesungen, und das selten so, dass es für einen Plattenvertrag reichen würde. Stag Nights enden zwingend damit, dass mindestens die Hälfte der Teilnehmer am nächsten Morgen nicht mehr weiß, wie sie ins Bett gekommen ist. Und oft genug wachen sie dort auch nicht allein auf.

Forscher haben untersucht, was die primären Beschäftigungen bei solchen Trips sind. Beliebteste Aktivität von Hen Nights ist tatsächlich eine Zeichenstunde.

Dahinter folgen Cocktailkurse und Stripshows. Bei Männern steht der Nachtclub ganz oben auf der Liste, gefolgt von Indoor-Kartfahren.

In solchen Umfragen führen Budapest, Prag und Krakau die Hitliste der europäischen Junggesellenpartyziele der Briten an, gefolgt von Amsterdam, Berlin und Riga. In Großbritannien ist die Studentenstadt Bristol Spitzenreiter. Dahinter folgen Newcastle, Bournemouth, Cardiff und Edinburgh.

Eine Studie unter 2.000 Befragten ergab im Jahr 2018, dass Briten für die Teilnahme an einem Junggesellenabschieds außerhalb des Landes durchschnittlich rund 1.000 Pfund ausgeben. Umso erstaunlicher ist in diesem Zusammenhang das Ergebnis einer anderen Studie: Forscher der Universitäten Salford in Manchester und der Universität von Madrid fanden vor Jahren heraus, dass Männer in Wahrheit gestresst sind von den teils extremen Ausmaßen eines Junggesellenabschieds. Sozialer Druck aber veranlasse sie dazu, dennoch daran teilzunehmen.

In jedem Fall ist diese Tradition, die aus dem 5. Jahrhundert stammen soll, zu einem echten Wirtschaftsfaktor geworden – nicht nur für Airlines, Bars und Hotels. In Großbritannien gibt es etliche Unternehmen, die sich darauf spezialisiert haben, Junggesellenabschiede zu organisieren. Das geht von den reinen Reisebuchungen bis hin zum kompletten Programm. Und dabei scheint nichts unmöglich, wie einer der

Veranstalter einmal in einem Jahresabschlussresümee feststellte. Zu den ungewöhnlichsten Wünschen, die an ihn von Kunden herangetragen wurden, gehörten ein Boy-George-Tribute-Act auf einem Kanalboot in Amsterdam, den Bräutigam nackt über eine Seilrutsche zu schicken und ein nackter Kleinwüchsiger für eine Zeichenstunde.

Aber

Was in Las Vegas passiert, bleibt in Las Vegas, heißt ein geflügeltes Wort. Doch trifft das auch auf Bristol, Belfast und Manchester zu? Immer mehr Engländer haben Angst vor Junggesellenabschieden und wollen daran gar nicht mehr teilnehmen – sie befürchten, dass ihre Verfehlungen in betrunkenem Zustand im Internet landen. In einer Umfrage gab ein Drittel der Befragten an, dass ihre größte Angst darin besteht, dass Videos nachträglich in sozialen Medien auftauchen. 60 Prozent fürchten sich sogar inzwischen davor, zu einem Junggesellenabschied überhaupt eingeladen werden.

ENGLÄNDER SPRECHEN NUR ENGLISCH

Manche Fernsehserie spiegelt das wahre Leben besser als der Alltag. »I speak English well, I have learned it from a book«, hieß es beispielsweise in den Siebzigerjahren in der Serie *Fawlty Towers*. Der in Wahrheit alles andere als gut Englisch sprechende Kellner Manuel übte sich hier in Selbstbeweihräucherung und erreichte damit umgehend Kultstatus, zumindest in Großbritannien. Dabei haben es Fremdsprachler in England heute viel einfacher: Es dauert in der Regel nicht lang, bis sie von Einheimischen automatisch ein Lob für ihre Englischkenntnisse bekommen, das müssen sie gar nicht selbst machen. Das muss dann allerdings nicht bedeuten, dass der Angesprochene wirklich gut Englisch spricht. Allein: Er beherrscht zumindest ein paar Brocken und kann sich verständigen. Damit ist er den meisten Engländern bereits fremdsprachlich weit überlegen. Denn Engländer lernen nicht gern ihnen unbekannte Sprachen. Schließlich spreche ja die halbe Welt Englisch, trösten sie sich mit ziemlicher Regelmäßigkeit selbst, nicht ohne hinzuzufügen, dass sie ja gern würden, wenn sie nur könnten. Ob es in Wahrheit Können ist oder vielleicht doch eher Wollen, bleibt offen.

Eine Meldung aus dem Jahr 2019 belegte diesen Trend ziemlich anschaulich: Noch nie seit der Jahrtausendwende haben die Briten in weiterführenden Schulen so wenige Fremdsprachen gelernt wie zu diesem Zeitpunkt. Die BBC hatte im Vorfeld Statistiken ausgewertet, nach denen rund ein Drittel der weiterführenden Schulen im Land zumindest eine Fremdsprache komplett gestrichen hatte.

Deutsch ist in der Gunst der Schüler schon seit Langem eher unpopulär – die Sprache wird ähnlich wie Französisch als zu schwer empfunden. Eine Studie des British Council ergab, dass der Trend aber dramatische Ausmaße angenommen hat. Gerade einmal rund 3.300 Schüler wählten Deutsch im Jahr 2017 landesweit als eines der drei verpflichtenden Abschlussfächer für das A-Level. Das ist ein Rückgang um 63 Prozent innerhalb von 20 Jahren – damals machten noch 9.000 Schüler ihren Abschluss auch in Deutsch. Französisch liegt in der Gunst zwar noch deutlich höher, doch auch diese Fremdsprache verzeichnet in den Schulstatistiken ähnliche Rückgangsraten.

Spanisch halten viele Schüler für deutlich leichter, zumal das Land seit Jahrzehnten der Briten liebstes Reiseziel ist. Auch Chinesisch ist stark im Kommen. Was wiederum liegt daran, dass nicht nur die britische, sondern über Förderprogramme auch die chinesische Regierung diesen Unterricht in England unterstützt.

Ein Grundproblem kommt hinzu: Aus Sicht von englischen Schülern verderben Sprachen den Notendurchschnitt. Laut einer Untersuchung der Association for Language Learning aus dem Jahr 2019 – einer gemeinnützigen Organisation, die Fremdsprachen populärer machen will – müssen beispielsweise Schüler, die in Geschichte sechs von neun Punkten schaffen, in Französisch im Durchschnitt mit fünf Punkten zufrieden sein. Das könnte auch mit Förderprogrammen zu tun haben: Seit Jahren werden von der Regierung vor allem Mathematik und Naturwissenschaften gefördert – jene Bereiche, in denen Großbritannien im internationalen Bereich Aufholbedarf hat. Weil die Etats kaum größer werden, geht dies zu Lasten anderer Fächer. Mit weitreichenden Folgen: Weil mangels Fremdsprachenunterricht auch Austauschprogramme überflüssig werden, reisen immer weniger Briten zu Gastfamilien in andere Länder.

Der britischen Wirtschaft bereitet der Mangel an Fremdsprachenkenntnissen große Sorgen. Absolventen mit Sprachkenntnissen sind in England so knapp geworden, dass Branchenverbände zu Initiativen aufgerufen haben, um diesen Trend zu stoppen. Fehlende Sprachkenntnisse könnten im Berufsalltag einen Mangel an Verhandlungsmöglichkeiten bedeuten und seien somit schlecht für den Export, mahnen sie. Laut einer Untersuchung der Universität Cardiff aus dem Jahr 2017 kostet dieser Umstand die britische Wirtschaft jährlich 48 Milliarden Pfund.

Harte Fakten

Engländer reisen immer mehr – aber Schüler immer weniger: Die Zahl der Schüleraustauschprogramme sinkt seit Jahren. Wegen zunehmender behördlicher Barrieren sei es unmodern geworden, seine Kinder für solche Reisen ins Ausland zu schicken, hat das staatliche Kulturinstitut British Council festgestellt. Nach dessen Angaben bot 2019 noch rund ein Viertel der weiterführenden Schulen in Großbritannien Austauschfahrten an. Fünf Jahre zuvor waren es noch 30 Prozent. Bei den privaten Schulen lag der Anteil demnach noch bei 48 Prozent – allerdings war dort auch der Rückgang massiver (2014: 77 Prozent). Ursprünglich waren Austauschfahrten in Großbritannien fester Bestandteil des Schulalltags.

ENGLÄNDER NEHMEN NICHTS MEHR FÜR BARE MÜNZE

Es passiert überall im Land: im Coffee Shop, im Supermarkt, im Pub, auf dem Markt oder am Flughafen. Wenn es ums Bezahlen geht, zücken Engländer ihre Kredit- oder Debit-Karte – selbst wenn es sich um einen lächerlichen Betrag für eine Zeitung oder eine Flasche Wasser handelt. Sicher, das machen seit Beginn der Corona-Pandemie Menschen in vielen Ländern so – doch in Großbritannien hat sich diese Praxis lange zuvor im Alltag etabliert. Insgesamt zahlen Briten inzwischen Monat für Monat bis zu 19 Milliarden Pfund bargeldlos. Tendenz steigend.

Supermärkte, Drogerieketten und der mit Abstand größte Zeitschriften- und Buchhändler WH Smith haben längst SB-Kassen etabliert, die zum Teil gar kein Bargeld mehr annehmen. Eine angesagte Craft Beer Bar im Londoner Bankenviertel Canary Wharf ist ganz bewusst sogar vor Jahren zur bargeldlosen Bar geworden und diente als Vorbild für immer mehr andere. Wer keine Kreditkarte dabei hat, verdurstet. Dürfte allerdings kaum vorkommen: Anfang 2019 waren in Großbritannien insgesamt 158,7 Millionen Kredit- und EC-Karten im Umlauf – bei 66 Millionen Einwohnern.

PIN-Eingaben haben sich dabei inzwischen zunehmend überholt – wer etwas auf sich hält, zahlt kontaktlos. So gut wie überall in England reicht es inzwischen, die Kredit-, EC-Karte oder das Mobiltelefon an einen Chipkartenleser zu halten. In der Londoner U-Bahn gibt es sogar Straßenmusiker, die nicht mehr nur um Bargeld bitten – immer mehr halten ein Lesegerät bereit, mit dem Passanten ganz einfach durch Vorhalten ihrer Karte spenden können.

Und genau hier dürfte der ganze Spuk auch begonnen haben. Im Jahr 2003 führte Transport for London, wie die Dachgesellschaft des öffentlichen Nahverkehrs in der Hauptstadt heißt, die Oyster Card ein. Diese blaue Plastikkarte in Form einer Scheckkarte ersetzte fortan die Papiertickets. Londoner können sie automatisch aufladen lassen, Besucher bestücken sie mit

Guthaben an Automaten in den U-Bahn-Stationen. Das Modell setzte sich im Handumdrehen durch. Das Auflegen der Oyster Card öffnete die Absperrungen der Bahnstationen und niemand musste mehr groß über Fahrkarten nachdenken und ob er auch für ausreichend Zonen gelöst hatte.

Inzwischen gilt die Karte auch in Bussen, Bahnen, einigen Flughafenzügen und bei anderen Gelegenheiten. Seit ein paar Jahren ist sie im Grunde sogar überflüssig geworden: Transport for London ermöglicht inzwischen auch die Nutzung von ganz normalen Kreditkarten mit kontaktloser Bezahlfunktion. Die Stadt war die erste weltweit, die diese Funktion eingeführt hat. Die Preise für die Fahrten sind identisch, egal ob Oyster Card oder Kreditkarte.

Inzwischen wird jede zehnte kontaktlose Zahlung in Großbritannien im Londoner Nahverkehrsnetz getätigt. Experten gehen davon aus, dass diese Funktion des Bezahlens in Großbritannien nur deswegen so populär ist, weil sie in der 8,5-Millionen-Einwohner-Metropole London seit Jahrzehnten trainiert wurde.

Wie kaum eine andere Nation verabschieden sich die Briten in rasantem Tempo vom Bargeld. Der *Guardian* berichtete im Sommer 2019, dass bereits 5,4 Millionen Briten so gut wie nie Münzen oder Geldscheine nutzen – ein Anstieg um rund zwei Millionen innerhalb nur eines Jahres. Verstärkt wird dieser Trend durch die omnipräsenten alternativen Bezahldienste wie Google

Pay oder Apple Pay. Jeder sechste Brite war 2019 bei wenigstens einem dieser Anbieter registriert.

Harte Fakten

Die Vorliebe der Briten zu bargeldlosen Bezahlsystemen könnte seinen Ursprung auch in einer schier undurchschaubaren Fülle von Banknoten haben: Während in England ausschließlich die Bank of England Scheine und Münzen herausgibt, darf dies in Schottland und Nordirland eine ganze Reihe von Banken. Das führt dazu, dass es etwa die Fünf-, Zehn- oder Zwanzig-Pfund-Noten in nicht weniger als acht Ausführungen gibt. In der Praxis werden sie im gesamten Vereinigten Königreich akzeptiert. Und es wird noch komplizierter: Auch die Isle of Man, die Kanalinseln Guernsey und Jersey, die Exklave Gibraltar sowie eine Reihe von Überseeterritorien geben eigene Noten und Münzen heraus. Diese sind jedoch im Gegensatz zu den britischen und nordirischen nicht außerhalb der jeweiligen Region gültig – selbst wenn das Pfund überall gleich viel wert ist.

ENGLÄNDER MEINEN ES NICHT SO

36
Höflichkeit

Die britische Höflichkeit ist manchmal nicht ganz leicht zu verstehen. Das sollte man allerdings tunlichst, um am Ende nicht etwa selbst als unhöflich dazustehen. Und das ist gar nicht so einfach.

Vor einer ganzen Weile kam es mal zum Smalltalk auf der Treppe mit meinen damaligen Vermietern, einem älteren Ehepaar, von Grund auf herzlich und immer auf ein gutes Gesamtklima im Haus aus – und auf einen Parkplatz vor der Tür. Es gab genaue Wünsche, wie man seinen Wagen im Falle einer sehr großen Lücke in der engen Stichstraße zu parken habe, damit im besten Falle noch ein weiterer – der des Vermieters – dahinter passen könnte. Der nette Mann, längst Rentner, spielte in einer Jazzband und auf der Treppe ergab es sich, dass das Gespräch genau auf diese Tatsache kam. Ich solle doch einfach mal vorbeischauen an diesem Abend, hieß es da, er spiele in einem Pub nicht weit vom Bahnhof. Und das tat ich – unwissend, dass es sich bei dem Auftritt um so etwas wie ein Familientreffen handelte. Entsprechend groß war die Verwunderung, als ich wirklich dort stand.

Es ging weiter: Ein Cousin der Familie, leicht angetrunken, aber herzlich, philosophierte über Picknicken im Grünen und warf in die Runde ein: Das müsse man mir unbedingt mal zeigen. Naiv, wie ich damals war, sagte ich, prima, ich wolle am nächsten Tag ohnehin ins Grüne fahren, was ich tatsächlich vorhatte, denn es war ein Sonntag. Das Gespräch stockte kurz, doch dann versuchte man krampfhaft, den nächsten Tag zu planen. Am Ende fanden wir uns tatsächlich alle beim Picknick im Grünen wieder, und erst dort erfuhr ich, was es mit der britischen Höflichkeit auf sich hat.

Die Einladung zum Auftritt lehnen Engländer mindestens dreimal herzlich ab, bevor sie wirklich so sehr dazu gedrängt werden (wenn es ernst gemeint ist), dort aufzuschlagen. Das Thema Picknick greift man begeistert auf, nicht ohne aber umgehend hinterherzuschieben, dass man irgendwann einmal, ganz dringend eigentlich, zusammen so etwas und überhaupt. Aber keinesfalls am nächsten Tag. Engländer bieten so vieles so herzlich an, weil es vor Ort ohnehin eher üblich ist, alles und jedes mehrfach sehr freundlich abzulehnen. Am Ende besteht also selten die Gefahr, sich in etwas hineinzureden.

Die Großmutter einer Freundin von mir drängt ihre Enkelin stets, sie könne bei einem Besuch doch unbedingt bei ihr übernachten. Könnte sie aber gar nicht – die Großmutter lebt in sehr engen Verhältnissen und verfügt weder über ein Gästebett noch über eine andere Möglichkeit einer bequemen Nacht für einen Gast. Es hat oftmals den Anschein, vieles wird so sehr feilgeboten, weil es ein Engländer ohnehin ablehnt.

Nun sagt man ja anderen Nationen nach, sie seien oberflächlich in solchen Dingen. Das trifft auf England aber so ganz sicher nicht zu – Einladungen sind schon ernst gemeint, und man stellt sie nicht jedem x-beliebigen Passanten oder jeder x-beliebigen Barbekanntschaft aus. Doch es gehört eben zum guten Ton, nicht alles und jedes sofort anzunehmen.

Das Picknick war überaus unterhaltsam und es wurde noch lange positiv darüber gesprochen. Und auch die Großmutter meiner Freundin würde mit Freude ihr eigenes Bett räumen, um es ihrer Enkelin bei einem Besuch zu überlassen. Doch gehört es eben auch zum harmonischen Miteinander, solche Angebote erst einmal auszuschlagen.

FÜR ENGLÄNDER IST DER ZUG ABGEFAHREN

Der 27. September 1825 änderte in Großbritannien einiges – an diesem Tag wurde die erste Eisenbahnstrecke der Welt in Betrieb genommen. Sie führte über 35 Kilometer von Darlington nach Stockton und wurde von George Stephensons legendärer Lokomotive Locomotion befahren. Die Briten hatten der Welt gezeigt, wohin die Reise geht. Das ganze Land wurde anschließend durch Schienenstränge erschlossen, bis in den hintersten Winkel des Königreichs fuhren die neuen Züge. Große Architekten wie der bekannte Ingenieur Isambard Kingdom Brunel planten Strecken und versahen sie mit pompösen Bahnhöfen und beeindruckenden Brücken und Tunneln. England war in der Zukunft angekommen, und fand sehr schnell Nachahmer in aller Welt. Schließlich ging es hier nicht nur einfach um ein neues Transportmittel – die Eisenbahn war der Weg, Waren schneller zu transportieren, sie war der Antriebsmotor der industriellen Revolution und sie war auch der Weg, Urlaubsregionen zu erschließen. Mit Locomotion & Co. begann der Massentourismus in Großbritannien.

Wer heute in Städten wie Bristol, Manchester oder Brighton am Bahnhof steht, merkt von dem Erfindergeist der damaligen Zeit nicht mehr viel. Viele Stationen wirken alt, verkommen und nicht mehr zeitgemäß, überdimensioniert – wenn man etwa über mehrere Treppen zu irgendwann einmal angebauten Bahnsteigen irren muss, wenn Fahrstühle Fremdwörter sind und wenn man nicht mal einen Getränkeautomaten findet, geschweige denn ein Café oder einen Zeitschriftenladen.

Engländer waren eine große Eisenbahnnation – doch sie haben das gesamte Netz auch mehr oder weniger vor die Hunde gehen lassen. Die Privatisierung des Schienennetzes 1995 scheiterte grandios. Denn das auf Gewinnmaximierung ausgerichtete Unternehmen sparte am falschen Ende: an der Instandhaltung. 2002 machte die Regierung eine Notbremsung und übertrug Gleise, Bahnhöfe, Signale, Tunnel und Brücken an eine nicht gewinnorientierte neue Gesellschaft namens Network Rail. Seitdem ist es wenigstens nicht mehr lebensgefährlich, die britischen Bahnen zu benutzen. Das Marode am gesamten Netz aber blieb.

Die Verbindungen selbst sind nach wie vor privatisiert, was es nicht gerade einfacher macht: Ein Sammelsurium an insgesamt 23 Bahngesellschaften betreibt sie mit einem eher unüberschaubaren Spektrum an Qualität und Preisen – und regelmäßigen Streiks. Weil irgendwo immer Mitarbeiter unzufrieden sind mit irgendeinem Tarifkonstrukt, fällt irgendwo im Land immer mal der Zugverkehr aus.

Einig sind sich die Anbieter meist in einem Punkt: Sie haben ein Fahrpreisgebilde, das für Außenstehende vollständig undurchdringbar ist. Es gibt, wie in Deutschland, unterschiedliche Fahrpreise je nach Auslastung und Zeitraum der Vorabbuchung eines Zuges. Es gibt Zugbindungen und zugungebundene Tarife. Viel schlimmer aber: Die Fahrpreise sind in »peak« und »off peak« eingeteilt, in stark nachgefragte und andere Tageszeiten. Was aber »peak« ist und was nicht, kann einem in der Regel niemand erklären, denn das ganze Konstrukt variiert je nach Ziel, Tageszeit, Zug und Bahnbetreiber. Wer Pech hat, kauft ein Off-peak-Ticket und muss am Bahnhof so lange warten, bis auch der Off-peak-Zeitraum begonnen hat. Wer auf Nummer sicher gehen will, wählt gleich die teuerste Variante, peak und zugungebunden.

Als die Engländer die Eisenbahn erfanden, wurden die Strecken mit Dampfloks betrieben. Vielerorts, so scheint es, leben die Menschen nach wie vor in der Vorstellung, dass die Elektrifizierung der Eisenbahn nie erfunden wurde. Nur 38 Prozent des britischen Schienennetzes stehen unter Strom, der Rest wird von Dieselzügen meist älteren Datums betrieben. Selbst Hauptverbindungen von London in mehrere Himmelsrichtungen sind bis heute nicht elektrifiziert. Das führt nicht nur zu einem eher beachtlichen CO_2-Ausstoß von 36,6 Gramm pro Passagierkilometer – es ist auch ein erheblicher Lärmfaktor.

Man mag den Engländern dankbar sein dafür, dass sie die Eisenbahn erfunden haben, dass sie sie mit solchem Ehrgeiz ausbauten, dass andere Länder angesichts dieses Vorbildes kaum anders konnten, als ihm nachzueifern. Tauschen möchte man mit Bahnfahrern von der Insel aber heute nicht mehr. Die britische Bahn ist das deutlichste Zeichen dafür, dass der Glanz des viktorianischen Zeitalters längst verblasst ist.

Gut zu wissen

In England gibt es den Begriff des »ghost trains«, auch »parliamentary trains« genannt. Diese Züge fahren mehr oder weniger leer von A nach B und halten an Stationen, die in den meisten Fahrplänen nicht mal auftauchen, oft auch nicht mal einen Fahrkartenautomaten geschweige denn irgendeine Form von Personal aufweisen. Niemand weiß genau, wie viele es gibt und wann sie fahren. Es gibt sie einfach, seit mehr als 150 Jahren. Der Hintergrund ist, dass nicht oder zu selten genutzte Strecken in Großbritannien schnell auf den Prüfstand gestellt und durch Busse ersetzt werden. Um dem zu entgehen, schicken Bahngesellschaften Züge auf die Strecke, die einen Betrieb rechtfertigen. Meist ist dies bei solchen Verbindungen der Fall, von denen man sich in der Zukunft ein höheres Passagieraufkommen verspricht. Denn ist eine Strecke erst einmal eingestellt, wird sie in der Regel auch nie wieder in Betrieb genommen.

ENGLÄNDER WOLLEN GEDRILLT WERDEN

38
Eliteschulen

Eton ist ein kleiner Ort nordwestlich von London, der sich direkt an das besucherüberströmte Windsor anschließt. Er besteht zwar aus einer idyllischen, sehr langen Einkaufsstraße und ein paar Bauten am Rande der Themse. Vor allem aber dominiert in Eton ein burgähnliches Anwesen, gleich am Ende der High Street, Kapelle inbegriffen. König Heinrich VI. gründete die Einrichtung 1440 ursprünglich als Wohltätigkeitsschule, um armen Kindern eine kostenlose Bildung zu ermöglichen. Heute steht Eton eher für etwas anderes: Für eines der teuersten Internate der Welt. 14.000 Pfund müssen Eltern hier für die private Schulbildung ihrer Kinder berappen – pro »Term«, von denen es drei pro Jahr gibt. 42.000 Pfund in Summe also pro Jahr, pro Kind. Dafür befindet sich der Nachwuchs dann aber auch in bester Gesellschaft, wie die Geschichte zeigt.

James-Bond-Erfinder Ian Fleming war Schüler in Eton, die Prinzen William und Harry ebenso, genauso wie der Ökonom John Maynard Keynes und der frühere Premierminister David Cameron. Wer in England Wert auf einen steilen Karriereweg seiner Kinder legt, der schickt sie auf eine Eliteschule. Dazu gehören neben Eton auch altehrwürdige Schulen wie die Westminster School oder Charterhouse. Sie alle bilden die Grundlagen der britischen Eliteuniversitäten, auf denen die meisten Absolventen gleich im Anschluss landen.

Was bedingungsloses Lernen bedeutet, Zensurendruck bis zur Erschöpfung, das bekommen Kinder aus besserem Hause bereits in der Schule eingepaukt. In Eton sind allein 20 spätere Premierminister ausgebildet worden – unter anderem Boris Johnson. Das sind mehr als in jeder anderen Eliteschule der Welt. In Eton aber sagt man nicht, sie seien ausgebildet. In der Sprache des Colleges wurden sie »produziert«. Die Leitung der Schule tut einiges, um ihrem Ruf als Kaderschmiede gerecht zu werden. Jeder Absolvent, der später im Leben Erfolg hat, ist schließlich die beste Werbung für die Einrichtung.

Der Alltag in einer Eliteschule ist meist exakt vorgegeben – und er beginnt schon mit den korrekt getragenen Schuluniformen, die in Eton das Aussehen eines Fracks haben. Der Unterricht dauert oft bis spät nachmittags, anschließend stehen Hausaufgaben und Sport an. Ausgang gibt es meist nur zu festgelegten Uhrzeiten und auch die Zeit der Bettruhe ist vorgeschrieben. Privatsphäre? Fehlanzeige, denn meist sind die Kinder in Zwei- oder Vierbettzimmern untergebracht.

Privatschulen bilden knapp 7 Prozent aller britischen Schüler aus. Die Auswirkungen auf gewisse Bereiche des Alltags aber sind gravierender, denn frühere Privatschüler sind in einer Reihe von Berufsgruppen deutlich überrepräsentiert. 65 Prozent der vorsitzenden Richter gehören dazu, 52 Prozent der Diplomaten und 44 Prozent der englischen Schauspieler. Aber viel Wichtiger: Auch 44 Prozent der Kommentatoren in den britischen Medien und 39 Prozent der Minister im konservativen Kabinett von Theresa May. Man könnte es auch vereinfachen: Wer in Großbritannien Chancen in einem besser dotierten Job haben will, sollte eine Privatschule besucht haben.

Die Labour-Partei, von Natur aus gegen alles Elitäre im Land, wollte den Privatschulen 2019 an den Kragen. Sie diskutierte ein massives Zurückfahren der finanziellen Vorteile dieser Einrichtungen. Ein Vorschlag sah vor, die Schulgebühren künftig nicht mehr von der Umsatzsteuer zu befreien. Außerdem sollten Privatschulen nach Ansicht einiger Labour-Abgeordneter ihren Status der Gemeinnützigkeit verlieren und auch Ermäßigungen bei der Gewerbesteuer hätten sie gern gestrichen. Doch Labour war sich nicht nur selbst uneins über das Ausmaß ihres Ansinnens – schließlich hatten auch erfolgreiche Politiker ihrer eigenen Partei die Schulbildung in Eton und anderen Eliteinternaten genossen. Vor allem fehlte den Sozialdemokraten eines: die Mehrheit im Unterhaus, mit der sie ein solches Vorhaben hätten umsetzen lassen können.

Die Kaderschmieden einer ganzen Nation – es wird sie auch weiterhin geben.

Harte Fakten

Nicht nur Engländer mögen die Oberklasse: Rund 55.000 ausländische Schüler besuchten im Jahr 2019 die britischen Eliteschulen, wie die Dachorganisation Independent Schools Council zählte. An der Spitze der Nationen steht China. Allein 15.000 Schüler wurden von dort nach Großbritannien geschickt, gefolgt vom Nahen Osten (11.600). Ein Drittel stammt aus Europa, wobei Deutschland dabei mit fast 3.000 Schülern den ersten Rang belegt.

ENGLÄNDER FRIEREN NICHT

Manchmal genügt allein der Anblick, um die eigene Winterjacke noch ein bisschen mehr zu schließen und sich tief in den Schal einzukuscheln: Es ist Dezember, die Temperaturen neigen sich auch in Städten wie Newcastle, Liverpool oder Manchester in Richtung Gefrierpunkt – doch was sieht man am Abend auf den Straßen in den Innenstädten? Ausgelassene Männer in T-Shirts oder kurzen Hemden, die mit Frauen in noch kürzeren Röcken, Blusen und hochhackigen Schuhen deutlich angetrunken von Kneipe zu Kneipe wanken. Jacke? Fehlanzeige. Mütze, Handschuhe, Schal? Guter Witz. Wenn Engländer feiern, dann tun sie das in der Regel mit so wenig Bekleidung wie irgend möglich.

Eine Standardfloskel über das britische Wetter lautet, dass es vier Jahreszeiten in einem Tag gibt. Insofern kümmern viele Engländer auch die realen Jahreszeiten nicht – sie ziehen zwölf Monate im Jahr dasselbe an. Zumindest wenn sie feiern.

Der Grund dafür hat relativ wenig damit zu tun, dass Engländer womöglich abgehärteter sind als andere. Es ist viel simpler: Weil Clubs und Pubs in England am Wochenende meist voll sind und man keine wirkliche Möglichkeit hat, seine Jacke loszuwerden, lassen Engländer sie gleich ganz zu Hause. Viele haben auch Sorge, dass sie diese nach zunehmendem Alkoholgenuss ohnehin früher oder später irgendwo vergessen. Und dass man draußen auf dem Weg nach Hause womöglich frieren könnte, stört Engländer nicht – sie sind entweder so betrunken, dass das Kälteempfinden ohnehin nachlässt. Oder sie nehmen, wie so oft, ein Taxi.

Die etwas andere Einschätzung, was kalt ist und was nicht, führt noch zu anderen ungewöhnlichen Erscheinungen im Straßenbild. So werden Shorts in England gern schon im Frühjahr aus dem Schrank geholt, wenn das Thermometer bestenfalls in der Mittagssonne mal in den zweistelligen Bereich vordringt. Und nach dem Sommer verschwinden sie mitunter erst kurz vor Weihnachten. Ein englischer Freund hat es mal versucht, zu erklären: Wenn es draußen kalt sei, halte man sich ohnehin nicht im Freien auf – wohl aber den ganzen Tag in überhitzten Räumen. Und da man zwar einen Pullover oder eine Jacke problemlos zwischendurch immer mal an- und wieder ausziehen könnte, sei es mit Hosen doch deutlich schwieriger. Bevor er dann schwitze, wähle er besser gleich die kürzere Variante. Kurzer Prozess.

Das führt uns zu einer weiteren heimlichen Leidenschaft der Engländer: Flipflops. Auch auf der Insel würde zwar kein Mensch darin in der Innenstadt von London, Manchester oder Bristol auftauchen. Wenn ein Engländer aber in die Sonne fliegt, hat er stets Flipflops im Gepäck. Manche tauchen bereits am Flughafen darin auf, wohlwissend, dass Ferienflieger meist bis kurz über den Gefrierpunkt heruntergekühlt werden. Spätestens aber am Gepäckband am Urlaubsort ist es soweit: Schuhe werden gegen Flipflops getauscht und den gesamten Urlaub über nicht mehr ausgezogen. Wenn Briten in Spanien über die Handtücher der Deutschen lästern, dann tun sie dies fast immer in Flipflops.

Aber

Eine Studie räumte 2015 mit dem größten Vorurteil der Briten gegenüber Deutschen auf. Die Ergebnisse besagten, Briten würden sich im Urlaub zweimal öfter eine Liege mit einem Handtuch reservieren als Deutsche. Je 2.000 Menschen beider

Nationen wurden damals von einem Reiseportal für die Studie befragt, die noch andere überraschende Ergebnisse hervor brachte: Deutsche reisen im Vergleich zu Briten an weiter entfernte Urlaubsorte, sie treiben dort mehr Sport, ernähren sich im Urlaub gesünder und trinken nicht ganz so viel Alkohol.

ENGLÄNDER ARBEITEN GEGEN DEN KLIMAWANDEL. NICHT.

40
Recycling

Die Boston Tea Party ist eine kleine unabhängige Coffeeshop-Kette in Bristol und einigen umliegenden Städten – eine, wie es sie in Großbritannien in vielen Orten gibt. 2018 aber machte der Betrieb landesweit Schlagzeilen. Die Boston Tea Party verbannte von einem auf den anderen Tag Einwegverpackungen, vor allem Einwegkaffeebecher. Wer einen Kaffee zum Mitnehmen haben wollte, musste fortan einen eigenen Becher mitbringen, sich vor Ort einen kaufen oder das Angebot annehmen, einen Mehrwegbecher zu mieten. Das Ergebnis: 125.000 Pappkaffeebecher wurden im ersten Jahr eingespart. Allerdings brach auch der Umsatz an

Außerhauskaffee um 25 Prozent ein – bei Weitem nicht jeder Kunde wollte sich mit dem neuen Bechermodell anfreunden und wechselte stattdessen zu Mitbewerbern. Inhaber Sam Roberts feierte den Schritt in einem Interview mit der BBC dennoch als Erfolg: »Es gibt kein Zurück.« Damals wusste freilich noch niemand, dass die Welt wenig später von einer Pandemie überrollt werden würde, die Einwegverpackungen zumindest vorübergehend wieder hoffähig machte.

Roberts Initiative machte vor allem aus einem Grund Schlagzeilen: Er war nicht nur so etwas wie ein Vorreiter – er ist nach wie vor einer der wenigen Geschäftsleute in ganz England, die sich um Umwelt und Nachhaltigkeit Gedanken machen.

Gelbe Säcke, Pfandflaschen, Glas statt Plastik – wer Engländern mit solchen Begriffen kommt, erntet auch heute noch oftmals fragende Blicke. Die PET-Flasche ist im ganzen Land ebenso fester Bestandteil des Alltags wie das Dosenbier, der Coffee-to-go-Becher und das in Kunststoff und Pappe verpackte Sandwich fürs Lunch. Zweifachverglasung gilt als Luxus, Dreifachverglasung als Utopie, Plastiktüten wurden bis zu einer Initiative der Regierung über Jahrzehnte derart verschwenderisch ausgegeben, dass man sie vermutlich noch über Jahrzehnte sehen wird, weil jeder einen beachtlichen Vorrat zu Hause angehäuft hat. Die Briten und der Umweltschutz, das war nie eine sehr innige Freundschaft. Und ist es bis heute nicht.

In Großbritannien landen einer Untersuchung der Regierung zufolge Tag für Tag sieben Millionen Einwegkaffeebecher im Müll. Zuvor sind sie omnipräsent – auf der Straße, im Büro, im Zug, in der Uni, an Flughäfen, in großen Innenstädten gibt es sogar viele Coffeeshops, die ausschließlich in Pappbechern ausschenken, weil ihnen das die Spülmaschine erspart. Sieben Millionen Kaffeebecher am Tag bedeuten 2,5 Milliarden Becher im Jahr. Und da sind wir noch gar nicht bei der Frage, ob man einen Kaffee tatsächlich immer mitnehmen muss, oder ob man ihn nicht einfach auch bei einer zehnminütigen Pause schnell vor Ort trinken könnte. Beim Lunch kommen zum Kaffeebecher noch das in Kunststoff und Pappe verpackte Sandwich, ein Salat (in Kunststoff), manchmal auch noch ein Obstsalat (Kunststoff) und selbstverständlich die obligatorische PET-Wasserflasche. Bei einer Fünf-Tage-Woche macht das bei einem durchschnittlichen Angestellten jährlich 260 Lunch-Menüs, abzüglich der Urlaubszeit – die allerdings auch oft von Einwegverpackungen und Dosenbier bestimmt wird.

Das Thema Abfall und Nachhaltigkeit mit einem Engländer zu diskutieren, ist oftmals hoffnungslos. Man sieht sich auf einem guten Weg, denn schließlich hätten Supermärkte ja inzwischen die »Bags for Life« eingeführt – zu bezahlende Plastiktüten, die man bewusst wiederverwenden soll, bis sie auseinanderfallen. Anschließend werden sie im Geschäft kostenlos gegen eine neue umgetauscht. Retten »Bags for Life« den Planeten?

Die Regierung hat sich angestrengt, einen Masterplan gegen Plastikmüll aufzustellen – das Aus der kostenlosen Plastiktüten war da ein erster Schritt, und auch über Strohhalme und Plastikbesteck wurde, wie überall in Europa, viel diskutiert. Allein: Das nachhaltige System fehlt. Einwegkaffeebecher abzuschaffen, wie in Bristol, ist ein Schritt – allerdings verpufft diese regional begrenzte Initiative auf nationaler Ebene. Es gibt keinerlei Pfandsystem in England, so gut wie keine Getränke aus Glasflaschen, wenn man von Spirituosen absieht. Wohnungen stehen voll mit PET-Wasserflaschen, selbst in Bars gibt es viele spezielle Biere aus der Dose. Eine erfolgreiche Craft-Beer-Brauerei aus Schottland hat Glasflaschen fast vollständig durch Dosen ersetzt, und begründet dies mit der angeblich besseren Haltbarkeit der Biere – kein Wort über den Umweltschutz.

In vielen Städten gibt es tatsächlich Recyclingprogramme. Dabei wird Recyclingmüll entweder zu Hause abgeholt oder muss an Sammelstellen abgegeben werden. Auf den Straßen sind getrennte Abfallbehälter für Recyclingverpackungen jedoch noch immer eine Seltenheit. Was die Engländer tagsüber an Einwegverpackungen kaufen, landet insofern meist in einer Tonne.

Ist Abhilfe in Sicht? Gerade neulich musste ich wieder einem Engländer das deutsche Pfandsystem für Getränkeflaschen erklären. Wirklich nachvollziehen konnte er es nicht.

WENN ENGLÄNDER TRINKEN, DANN TRINKEN SIE

Der 24. November 2005 war ein besonderer Tag für viele Engländer, vor allem aber ein besonderer Abend. Erstmals seit dem Ersten Weltkrieg mussten Pubs nicht mehr um 23 Uhr schließen. Ein Gesetz, das in den Kriegswirren erlassen worden war, um die Wettbewerbsfähigkeit des Landes zu verbessern, fiel. Und die Auswirkungen bewiesen mehr als alles andere, dass Alkohol in England eine nicht unbedeutende Rolle spielt. Jahrzehntelang hatten Engländer bis zur Perfektion trainiert, um 22.45 Uhr mit den Last Orders, den letzten Bestellungen, vollständig betrunken zu sein. Das Problem war am 24. November und in den Folgewochen: Betrunken waren sie weiterhin um 22.45 Uhr – nur der Aufruf zu den Last Orders wollte einfach nicht kommen. Was macht man in solchen Augenblicken auf der Insel? Man trinkt weiter.

Wer in dieser Zeit durch Bristol, London, Manchester oder andere englische Großstädte lief, traf auf betrunkenen Menschen, die auf den Gehwegen lagen, auf sich übergebende Kneipengäste und immer wieder auch mal auf feixende Kommentatoren vor laufenden Fernsehkameras. Die Kritiker der Gesetzesänderung sahen sich bestätigt: Dies, so ihre Reaktion, sei ja wohl abzusehen gewesen. »Binge drinking«, das berüchtigte britische Komasaufen, schien eine neue Stufe erreicht zu haben.

Schon nach wenigen Wochen aber war klar: Die Engländer entwickeln sich, zumindest in puncto Alkohol, zu einer ganz normalen Nation. Einige Kneipen blieben bei der Schlusszeit von 23 Uhr, andere verlängerten bis Mitternacht, am Wochenende bis 1 oder auch mal 2 Uhr. Das grenzenlose Trinken aber blieb auf mittlere Sicht aus.

Warum haben Engländer dann dennoch bis heute den Ruf, ständig betrunken zu sein? Weil sie es oft genug sind. Das hat in erster Linie mit mehreren festen Ritualen und Gewohnheiten zu tun. Das Pint Bier nach der Arbeit hat in England nichts Anrüchiges. Es ist ein ganz normaler Vorgang des sozialen Miteinanders. Und wenn aus einem eben zwei oder mehr werden, ist das nur noch mehr ein Zeichen für Sympathie gegenüber den Kollegen. Das Problem könnte sein, dass das Pint Bier einfach schon 0,568 Liter beinhaltet. Wer auf zwei, drei Bier ausgeht, hat schon mal einen bis eineinhalb Liter intus. Wer das öfter macht, was viele tun, wird einen gewissen Gewöhnungsfaktor erleben und nach drei Pint erst in Fahrt kommen.

Im Pub lässt sich auch am besten das Trinkverhalten an einzelnen Wochentagen erkunden. Während Dienstag und Mittwoch fast überall noch ein Platz frei ist, läuten viele Engländer ihr Wochenende bereits am Donnerstag ein – zumindest was den Alkoholpegel angeht. Freitags stehen Kneipengäste oft dicht gedrängt, sonnabends beginnt man gern früh beim Mittagessen oder einer Fußballübertragung im Fernsehen mit ein paar Pints, sonntags geht es früh weiter, damit man früh wieder zu Hause ist. Montage sind offenkundig zum Ausnüchtern da – gähnende Leere in vielen Pubs.

Wer an einem Wochenende anerkannte Junggesellenziele wie Brighton, Southend oder Manchester aufsucht, wird erleben, wie hier eigens für diese alkoholstarken Tage Freitag und Samstag mobile Pissoirs in den Partygegenden aufgestellt werden. Die sind nichts anderes als eine Art Säule aus Kunststoff, an der rund herum drei bis vier Urinale eingefasst sind – keine Rückwand, kein Waschbecken. In aller Öffentlichkeit können sich zumindest die männlichen Feiernden erleichtern. Sonntags werden die Kunststoffurinale wieder abtransportiert, als sei nichts gewesen. In den betroffenen Orten zucken Kommunalpolitiker darauf angesprochen die Schultern: Plastikurinale seien immerhin besser, als wenn sich eine komplette Partygemeinde nachts an Häuserwänden und anderem entleere.

Die Überarbeitung der Pub-Öffnungszeiten bescherte der Nation noch ein weiteres Phänomen, das nichts mit der 23-Uhr-Marke zu tun hat – im Gegenteil. Seitdem Kneipen auch vor 11 Uhr vormittags öffnen dürfen, bieten viele von ihnen Frühstück an. Das aber ist Definitionssache. Während einige Gäste morgens bei Eggs Benedict oder einem Full English Breakfast am Tisch sitzen, zieht es andere schon um 8 Uhr an den Tresen: Auch Pints werden dann bereits gezapft.

Aber

Das nationale Statistikamt Großbritanniens überraschte vor Jahren mit einem Trend: Zwischen 2005 und 2016 sei der Alkoholkonsum im Land gesunken. Während 2005 noch 64,2 Prozent der Befragten angaben, in der Woche mindestens einmal Alkohol zu sich zu nehmen, waren es 2016 nur noch 56,9 Prozent. Die Zahl derer, die an fünf oder mehr Tagen trinken, sank ebenfalls, von 16,8 auf 9,6 Prozent. Auch der Pro-Kopf-Konsum von Bier sinkt im Vereinigten Königreich seit Jahren. Während 2005 noch auf jede Person 95,6 Liter kamen, waren es 2016 nur noch 67 Liter. Dies jedoch kann auch andere Ursachen haben als sinkenden Alkoholkonsum: Wein, Mischgetränke und Cocktails wurden im selben Zeitraum immer populärer.

U-BAHN FAHREN IST FÜR ENGLÄNDER EINE HERAUSFORDERUNG

42
Nahverkehr

W as stellt man bloß mit einem so großen U-Bahn-Netz an wie in London? Gut, man fährt zur Arbeit. Oder ins Theater. Zum Einkaufen selbstverständlich auch. Aber bringt das den richtigen Kick im Leben? Engländer beweisen sich gern etwas, und deswegen kamen 1960 zwei lustige Zeitgenossen auf die Idee, einen Rekord aufzustellen: Sie wollten in möglichst kurzer Zeit alle U-Bahn-Stationen der Stadt besuchen: Rund 400 Kilometer Strecke mit damals 264 Bahnhöfen. Gesagt, getan – George Hurst und Jane Barwick stoppten auf ihrer »Tube Challenge« überall und schafften es, das gesamte Londoner

U-Bahnnetz in 18 Stunden und 35 Minuten zu bereisen – Weltrekord. Gut, es war auch der erste Wettkampf dieser Art, insofern wäre jede Zeit ein Rekord gewesen.

Aber wie das mit Rekorden so ist: Sie wollen gebrochen werden, vor allem in England. Bereits 1961 schaffte ein Trio die 264 Stationen in nur 18 Stunden und 9 Minuten. Und es wurden immer mehr Versuche, die ganze »Tube Challenge« in noch kürzerer Zeit zu absolvieren. Seit 1960 tauchten die aktuellen Sieger regelmäßig im »Guinnessbuch der Rekorde« auf. Andi James und Steve Wilson legten 2015 nach und erreichten die letzte der inzwischen 270 Stationen nach nur 15 Stunden, 45 Minuten und 38 Sekunden.

Unklar bleibt indes auch nach 50 Jahren, was das Ganze soll.

Da haben andere, völlig wettkampffrei, eine Idee mit mehr Hintergrund gehabt: Beim Circle Line Pub Crawl geht es darum, an 27 Stationen der Circle Line in jeweils einem Pub ein Bier zu trinken. Das Ziel ist völlig klar: Es geht um den Kater des Lebens, denn wer es wirklich schafft, an 27 Stationen Alkohol zu trinken, dürfte vor allem auf eines aufpassen müssen: dass Station 28 nicht das Krankenhaus ist. Es schaffen tatsächlich Leute, indem sie kleine Biere trinken, oft solche mit wenig Alkohol, dazu viel Wasser, und das Ganze auf den kompletten Tag ausdehnen. Absolventen geben im Internet wertvolle Tipps: »Mache so viele Fotos wie möglich für den Fall, dass du dich anschließend nicht mehr an alles erinnern kannst.« Oder: »Beginne mit einem großen Frühstück.« Und auch nicht unwichtig: »Nimm einen Softdrink, wenn du schwächelst.«

Es ist nicht ganz klar, ob der Pub Crawl Ursache ist für ein weiteres Phänomen in der Circle Line. Es liegt jedoch zumindest im Bereich des Möglichen. Bei der Circle Line Party besetzen hin und wieder kostümierte Gruppen einen Zug der Linie und funktionieren ihn mit Girlanden und anderem zu einer Party, Location aus – während der Fahrt. Das Ganze ist weder angekündigt noch erlaubt und führt deswegen auch immer mal wieder zu Polizeieinsätzen. Ganze Züge werden gestoppt, einmal musste sogar der Verkehr auf der gesamten Linie vorübergehend eingestellt werden.

Wer es gemütlicher will, wendet sich ohnehin der Docklands Light Railway (DLR) zu, einer anderen Linie, die weitestgehend oberirdisch durch den Osten Londons fährt. Auch dort gibt es ausgearbeitete Pub Crawls, die jedoch mit knapp zehn Kneipen sehr viel überschaubarer sind.

Einige Briten sind derweil aufs Fahrrad umgestiegen – nicht nur wegen der einfacheren Verbindung der Pubs, sondern aus künstlerischen Gründen: Sie fahren irgendwo auf der Insel gezielt Strecken, die im

Nachhinein beim Tracking kleine Kunstwerke ergeben. »Strav Art« nennt man diese skurrile Form der Kreativität, nach dem Namen einer Fitness App, die die gefahrenen oder gelaufenen Routen in einer Karte einzeichnet. Auf diese Weise haben es Radfahrer tatsächlich bereits geschafft, auf Landkarten Elche, Tannenbäume und sogar einen VW Käfer zu gestalten. Ein Strav-Art-Künstler fuhr vor Weihnachten 2019 neun Stunden lang 127 Kilometer kreuz und quer durch London. Das Ergebnis: ein Rentier samt Geweih. Als wenn Weihnachten nicht schon Herausforderung genug wäre ...

Harte Fakten

Die Circle Line entzweit die Londoner: Bis 2009 war die in U-Bahn-Plänen gelb markierte Strecke tatsächlich eine Ringlinie – Züge fuhren immer im Kreis. Weil sie aber durch ein Fehlen eines Endpunktes keine Chance hatten, irgendwelche Verspätungen aufzuholen, litt diese Linie unter chronischer Verspätung. Das änderten die Planer schließlich: Seit 2009 endet die Circle Line in Hammersmith und führt in einer Art kleiner Spirale nach Paddington. Im Fachjargon heißt dies Ring-Radial-Linie. Im Kreis fahren ist nicht mehr möglich. Das U-Bahn-Netz bietet weitere Verwirrungen: Die Northern Line hat mehrere Endpunkte – Edgware und High Barnet – und teilt sich auch mittendrin mal für ein paar Stationen auf.

Fahrgäste müssen insofern immer ganz genau darauf achten, in welchem Zug sie gerade sitzen. Auch am Flughafen Heathrow gibt es zwei Endpunkte – Terminal 4 und Terminal 5. Wer nicht aufpasst, landet am falschen Check-in-Schalter.

ENGLÄNDER TRÄUMEN VON DER GROSSEN EIGENEN WELT

43
Kolonien

Die Liste der Länder des einstigen britischen Empires liest sich wie ein Fernreiseportal im Internet: USA, Indien, Ägypten, Kanada, Hongkong, Australien, Bahamas – gibt es irgendeinen schönen Fleck auf der Welt, an dem die Engländer nicht irgendwann mal eine ihrer roten Telefonzellen und einen der gusseisernen Briefkästen aufgestellt hätten? Kaum. Das sagen sich auch Engländer, und fahren was Fernreiseziele angeht mit Vorliebe ausgerechnet in jene Regionen in den Urlaub, die sich oft über Jahrzehnte mühsam ihre Unabhängigkeit erkämpft haben.

Das Gebäude des britischen Außenministeriums in London strahlt bis heute jenen Stolz und Glanz aus, den das einstige Weltreich Großbritannien gern gepflegt hat. Der große viktorianische Architekt George Gilbert Scott hatte das Gebäude in den 1860er-Jahren entworfen. Und bis heute verbirgt es einen Teil der britischen Vergangenheit, den nicht viele gern vergessen wollen: Es hieß bis nach dem Zweiten Weltkrieg offiziell Außen- und Indien-Ministerium, Foreign and India Office. Der Subkontinent Indien stand bis zu seiner Unabhängigkeit 1948 unter Herrschaft der britischen Krone. Queen Victoria, die erste Kaiserin von Indien, besuchte ihn aus gesundheitlichen Gründen nie, sie ließ aber Wände ihres privaten Domizils Osborne House auf der Isle of Wight mit Fotos von ganz normalen Menschen aus Indien zuhängen – und sich später sogar einen Festsaal im indischen Stil bauen. Viele Briten lassen sich bis heute gern auf das Zauberhafte der dortigen Kultur ein. Was längst weitreichende Konsequenzen hatte: Britische Medien wählen als Nationalgericht mit ziemlicher Regelmäßigkeit nicht etwa Fish and Chips oder Sunday Roast – es ist das Chicken Tikka Masala, das in jedem noch so kleinen Dorf auf der Insel auf keiner Speisekarte fehlt. Eine britische Erfindung im Rausch der Indien-Begeisterung? Zumindest ist es heute auch im längst unabhängigen Indien selbst ein nicht unübliches Gericht. Umso schmerzhafter wurde da eine Nachricht aus dem Jahr 2019 in der britischen Bevölkerung aufgenommen: Indien löst Großbritannien an fünfter Stelle der größten Volkswirtschaften der Welt ab, kündigte der Wirtschaftsinformationsdienst IHS Markit an. Es geht also auch ohne Unterstützung aus London.

Die ehemalige Kronkolonie Hongkong ging 1997 zurück an China – aus einem ganz pragmatischen Grund: Der Pachtvertrag für die New Territories genannten Gebiete auf dem Festland lief aus. Selbst wenn die Insel Hongkong Island streng genommen vertraglich Großbritannien zugesichert war, ließ sie sich nicht mehr von den Festlandgebieten trennen. China bestand auf einen vollständigen Rückzug der Briten. Doch nicht nur der Linksverkehr hat bis heute überlebt. Hongkong bleibt zweisprachig. Englisch ist Alltagssprache, wer die Pferderennbahn Happy Valley auf Hongkong Island besucht, erlebt ausgelassene Briten an Bierständen – als wäre er in London, Manchester oder Exeter an ähnlichem Ort. Viele britische Firmen steuern ihr Asiengeschäft bis heute aus den Hochhäusern der Finanzmetropole Hongkong.

Fast ist es ein bisschen so, als würden Briten überall dorthin reisen, wo irgendwann einmal eine Statue der bis heute überaus geschätzten früheren Königin Victoria aufgestellt wurde. Sie prangt nach wie vor nicht nur in Hongkong. Auch auf den Bahamas verwittert sie, in Sydney, Auckland, Kolkata, Colombo und Kapstadt. Und an Dutzenden weiteren Orten rund um die Welt. Eine davon wurde tatsächlich auch in Frankreich aufgestellt, in einem Gebiet, über das sie nie geherrscht hat: in Nizza. Sie ist ein Dank der französischen Riviera an ihre zahlreichen Besuche. Die Anwesenheit Queen Victorias, so heißt es heute, habe die Riviera erst zum Topreiseziel für die Reichen und Schönen der Welt gemacht.

Die Statuen manch anderer Zeitgenossen gerieten im Zuge der Black-Lives-Matter-Bewegung 2020 mehr denn je in Verruf. Einigen Briten fiel auf, dass ausgerechnet in prominenten Innenstadtlagen Standbilder von Menschen stehen, die eng mit dem Kolonialismus oder gar dem Sklavenhandel in Verbindung gebracht werden. Straßen sind nach ihnen benannt, ganze Universitäten. Etwas, das ein modernes Großbritannien offenbar nicht mehr hinnehmen will: In Bristol stürzte eine Gruppe von Menschen die Statue Edward Colstons kurzerhand vom Sockel und warf sie in das nahegelegene Hafenbecken. Colston mag der südenglischen Stadt viel Geld gespendet haben – doch er war, wie man längst weiß, einer der größten Sklavenhändler seiner Zeit. Die Universität in Oxford ließ eine Statue Cecil Rhodes entfernen, einem der führenden Politiker bei der Kolonisierung Afrikas und Namensgeber der früheren Kolonien Nord- und Südrhodesien. Und auch die Universität Liverpool handelte – sie benannte ein William Gladstone gewidmetes Gebäude kurzerhand um. Gladstone soll ein Befürworter der Sklaverei gewesen sein.

Harte Fakten

Das Commonwealth of Nations ist die wohl deutlichste Hinterlassenschaft des britischen Weltreichs. Der lose Staatenbund ging 1947 aus dem British Commonwealth of Nations hervor, Oberhaupt ist traditionell der britische König oder die britische Königin. Heute gehören ihm insgesamt 53 Staaten an, neben dem Vereinigten Königreich Länder wie Australien, die Bahamas, Kenia, Singapur und Südafrika. Während der Brexit-Debatten wurde von den EU-Gegnern gern und oft angeführt, dass Großbritannien künftig seinen Handel mit ebendiesen Commonwealth-Staaten führen werde. Wirtschaftswissenschaftler hingegen mahnten schon früh: Selbst zu Zeiten Queen Victorias, der Hochphase des britischen Empires, betraf nur ein winziger Teil des britischen Außenhandels die damaligen Kolonien. Schon zu dieser Zeit wurde der weitaus größte Teil mit europäischen Ländern abgewickelt, die schon damals deutlich mehr Geld und Bedarf an Waren aus Großbritannien hatten.

ENGLÄNDER LIEBEN NADELSTREIFEN

Die Savile Row ist das Herz der britischen Herren-
mode. Wer hier bei einem der alteingesessenen
Schneider einen Anzug kauft, hat es geschafft. 4.000
Pfund muss man schon investieren, um ein maßge-
schneidertes Kleidungsstück sein Eigen zu nennen.
Dafür soll es auch – angeblich – ein Leben lang halten.

In gewisser Weise ist dieses Versprechen ein bisschen das Problem der britischen Herrenmode. Die
Menschen tragen Kleidungsstücke ein Leben lang –
selbst wenn ein eigentlich teurer Anzug, ein Pullover
oder eine Jeans schon längt den Weg in die Altkleider-
sammlung gefunden haben müsste. Aber sie tragen

sie nach wie vor mit Stolz. Was zählt, ist nicht das gut gebügelte Äußere, der perfekt sitzende Anzug, die geputzten Schuhe. Es sind vielmehr ein paar Formalien der Kleiderordnung. »No brown in town« galt lange Zeit als das Leitmotto der Londoner Banker. Soll heißen: Egal, was man trägt, trage niemals etwas Braunes. Braune Schuhe etwa waren ein Zeichen für die Landbevölkerung – weil sich viele einbildeten, Matsch sei darauf weniger leicht zu sehen als auf schwarzen Schuhen, verband man braun mit dem Dorfleben. Über den Hang der italienischen Mode zu braunen Schuhen hat sich dies aber längst eingeschliffen – und von den braunen Schuhen war der Weg nicht weit, bis auch der erste braune Anzug in der Londoner City gesichtet wurde. Doch man sieht sie nach wie vor nur vereinzelt.

Manschettenknöpfe sind das A und O – egal, wie alt ein Hemd ist, wie schmuddelig das komplette Erscheinungsbild einer Person auch sein mag. Wer keine Manschettenknöpfe am Hemd vorweisen kann, wird grundsätzlich erst einmal nicht ernst genommen. Die Krawatte ist selbstverständlich, der Anzug gilt als ein weiterer Türöffner – der kann zu weit sein, zu eng, Hochwasserhosen oder noch nie eine Reinigung von innen gesehen haben, ganz egal. Hauptsache, es ist ein Anzug.

Das führt zu teils skurrilen Anblicken, etwa in der Londoner U-Bahn. Da sitzen einem Menschen gegenüber mit Löchern im Sakko, ungekämmt, aber mit

Manschettenknöpfen. In anderen Städten würde man sein Kleingeld zusammenkratzen, um es dem Gegenüber mit einem freundlichen Zwinkern in seinen leeren Kaffeebecher zu werfen. In London kann man sicher sein, dass das Gegenüber nicht mit Kleingeld hantiert, sondern in dieser Minute ein paar Hunderttausend Pfund Umsatz mit seinen Aktien getätigt haben wird. Das Äußere ist bei Engländern relativ. Es lässt selten Rückschlüsse zu auf Bildung, Erziehung und erst recht nicht aufs Einkommen.

Ein deutlicheres Indiz sind da eher die Nadelstreifen, die andernorts längst außer Mode sind, in England aber immer noch als Synonym für die Finanzwelt taugen. Auch wenn der Bowler Hat, die Melone, zurecht inzwischen kaum noch aus dem Schrank geholt wird – Nadelstreifen sind vor allem in London nicht tot zu kriegen. Allerdings gilt auch hier das ähnliche Phänomen wie bei allen anderen Kleidungsstücken: Die Nadelstreifen selbst sind meist der Türöffner, ganz egal, in welchem Zustand sich der Rest eines Anzugs befindet. Da es solche Modelle ohnehin fast nur noch beim Maßschneider des Vertrauens gibt und nicht im Kaufhaus um die Ecke, zeugt ein Nadelstreifenanzug immer von einer gewissen Investition. Ob einem ein ehrlicher Verkäufer nun davon abgeraten hätte oder nicht, spielt keine Rolle.

Niemals sieht man einen Engländer in Wachsjacke bei einem Geschäftstermin – was der Anzug für das Stadtleben bedeutet, stellen rustikalere Outfits fürs

Landleben dar. Karohemd, Wollpullover und regentaugliche Jacke sind eindeutige Indizien für ein Leben fern der Großstadt.

Doch das Schöne an England ist wie so oft: So sehr die Kleidungskonventionen auch im Bewusstsein verankert sein mögen – sie sind fast nirgends ein echter Türöffner, vom Geschäftsleben und von einzelnen edlen Clubs oder Restaurants abgesehen. Grundsätzlich wird in England jeder so akzeptiert, wie er ist; sei es in Turnschuhen oder 800-Pfund-Lederschuhen. Das richtige Äußere erleichtert es nur manchmal.

Harte Fakten

Die Savile Row, eine Straße im Londoner West End, ist ein wahrer Wirtschaftsfaktor: Rund ein Viertel des Umsatzes machen die dort ansässigen Luxusschneider beispielsweise allein mit Kunden aus den USA. Anzüge aus der britischen Hauptstadt werden in alle Welt verschickt. Die Jermyn Street, nicht weit davon, war einst das Zentrum der britischen Hemdenindustrie. Jeder Schneider, der etwas auf sich hielt, hatte hier seinen Sitz. Inzwischen wird diese Straße von Ketten bestimmt, die ihren Sitz eher aus Marketinggründen weiterhin hier eingetragen haben.

IM BAD IST DER ENGLÄNDER ANACHRONIST

Arthur M. Moen hat der Nachwelt einen viel zu unterschätzten Dienst erwiesen. 1917 in Seattle geboren, verbrühte er sich irgendwann um das Jahr 1937 am Wasserhahn seine Hände. Denn es war die Zeit der getrennten Wasserhähne für heißes und kaltes Wasser. Wer seine Hände wusch, hatte die Wahl: entweder vereisen oder kochen. Ein Dazwischen gab es nicht. Moen war kein Einzelfall.

Nun war Moen Maschinenbaustudent und auch wenn er dieses Studium bis zu seinem Tod 2001 nicht abschloss, so tüftelte er doch gern. Infolge seiner verbrühten Finger begann er, sich eine Lösung des Zwei-Hahn-Problems anzunähern. Erste Versuche stießen noch auf wenig Gegenliebe bei potenziellen Herstellern. Erst 1947 konnte er eine Firma überreden, seine Erfindung zu produzieren – es war die Geburtsstunde der Mischbatterie. Und es war zumindest ein Meilenstein auf dem Weg weg von den verbrühten Fingern.

Was das mit England zu tun hat? Nun, mancher wünscht sich noch heute, Moen hätte seinen Ein-Hebel-Wasserhahn damals nicht in den USA erfunden, sondern in Großbritannien. Denn dann hätte sich dieser womöglich auch dort schneller durchgesetzt, als er es tatsächlich getan hat. England und die Mischbatterie, das ist nicht weniger als eine komplizierte Beziehung.

Seit 1947 sind mehr als 80 Jahre vergangen. Menschen flogen zum Mond, Elektroautos wurden erfunden, das Internet sowieso, Kaffee kann man in Pappbechern mitnehmen und wer einmal um die Welt fliegen will, braucht dafür inzwischen weder viel Zeit noch Geld. Das Leben ist zumindest in mancher Hinsicht einfach geworden, auch wenn sich der Mensch selbst immer neue Probleme schafft. In England wird manch Historisches bewahrt, und insofern ist es im Grunde nicht so sehr verwunderlich, dass auch 80 Jahre nach Moens Erfindung getrennte Wasserhähne für heiße und kaltes Wasser alles andere als eine Ausnahme sind. Wer in einem älteren Gebäude ein Bad aufsucht, und von solchen Gebäuden gibt es in England viele, der wird früher oder später auf diesen Anachronismus des Sanitärhandels stoßen. Bestenfalls lassen sich die Hähne dann auf- und zudrehen – es gibt aber auch die verschärfte Variante des Druckknopfes: Wer Wasser irgendwelcher Art haben möchte, muss mit voller Kraft oben auf einen Knopf drücken. Solange gedrückt wird, fließt Wasser. Lässt man los, stoppt der Fluss umgehend wieder. Nun versuchen Sie mal, sich die Zähne mit zwei getrennten Wasserstrahlen zu putzen – einem kochend heißen und einem eiswürfelkalten –, wenn eine Hand schon dauerhaft damit beschäftigt ist, einen Knopf zu drücken. Böse Zungen behaupten, es gibt ganze Wettbewerbe darin, diese Lebensaufgabe zu meistern.

Nun gibt es auch in England schon seit geraumer Zeit vor allem auf öffentlichen Toiletten Wasserhähne mit Bewegungssensoren. Ein namhafter britischer Hersteller hat das ganze Land mit automatischen Händetrocknern zugepflastert, die tatsächlich trocknen. Mischbatterien gibt es auch in England für einen zweistelligen Pfundbetrag im Baumarkt. Dennoch scheint es niemanden zu stören, morgens im Bad Gymnastikübungen mit den Armen veranstalten zu müssen, nur um an warmes Wasser zum Zähneputzen, Rasieren oder Händewaschen zu kommen. Wahrscheinlich muss sich erst wieder ein cleverer Student die Hände verbrühen.

Wie bei so vielem in England, gibt es auch für die Wasserhähne einen historischen Hintergrund. Kaltes Wasser kommt aus der Leitung und ist seit jeher dazu da, getrunken zu werden. Dafür wird es nach strengen Kriterien kontrolliert. Heißes Wasser aber kam in England lange Zeit aus Wassertanks innerhalb der Häuser, wo es nicht zu 100 Prozent keimfrei gehalten werden konnte. Ein Gesetz verbat nun, heißes und kaltes Wasser zu mischen, damit Trinkwasser am Ende immer keimfrei aus der Leitung kommt. 1965 wurde sogar festgelegt, dass heißes Wasser immer aus dem linken Hahn kommen solle, um Verwechslungen zu vermeiden. Dies immerhin hätte womöglich auch Moen geholfen, seine Hände nicht zu verbrennen. Aber hätte er dann die Mischbatterie erfunden?

IN ENGLAND GEHT MAN ZUM ESSEN INS THEATER

46
Snacks

Haben Sie schon mal Agatha Christies *Mausefalle* gesehen? In London wird das Stück seit 1952 ununterbrochen aufgeführt – es ist damit das am längsten kontinuierlich auf der Bühne gespielte Stück der Welt. Vielleicht ist ein Grund dafür, dass im St. Martin's Theatre, in dem die *Mausefalle* läuft, niemand verhungert – zumindest, niemand, der sich selbst versorgt. Kalte Speisen und Snacks sind hier auch während der Vorstellung erlaubt. So ist das in vielen britischen Theatern, und diese Tradition wird durchaus gern gepflegt. Zuschauer legen auf dem Weg zum Theater noch einen Stopp in einem Supermarkt ein und decken sich mit Getränken, Sandwiches und Salaten ein, um diese pünktlich zu Vorstellungsbeginn aus ihren Plastiktüten zu holen.

Wenn sich der Vorhang lichtet, geht dann ein Rascheln und Schmatzen durch die Reihen, Stühle knarren, wenn irgendjemandem eine Mohrrübe heruntergefallen ist, es zischt beim Öffnen von Colaflaschen, und über allem legt sich ein knisterndes Geräusch von zwischen den Zähnen zerbrechenden Kartoffelchips. Bei Konzerten in der Londoner Royal Albert Hall kann man sogar Pizza bestellen, deren Duft dann von den teuren Rängen hinunterweht zu den gewöhnlichen Plätzen. Das ist gewöhnungsbedürftig und mitunter sogar ekelerregend für andere Zuschauer. Aber auch Schauspieler sind von dieser Praxis genervt.

Die britische Schauspielerin Imelda Staunton, die unter anderem in *Harry Potter*-Filmen zu sehen war und in der Fernsehserie *Downton Abbey*, kritisierte das Essen im Theater in der Vergangenheit – und sie war nicht die einzige. Es gebe eine angemessene Zeit und einen angemessenen Ort fürs Essen, sagte sie der *Radio Times*. Und das sei nicht das Theater. Sie verstünde »diese Besessenheit« nicht, zu jedem Zeitpunkt des Tages etwas essen oder trinken zu müssen.

Das Ganze nimmt manchmal groteske Ausmaße an: Es gab schon Beschwerden von Schauspielern und Regisseuren über Leute, die plötzlich anfingen, Fish & Chips zu essen. Musicalschauspieler John Partridge erzählte einmal in der BBC, dass er bei einer Vorstellung von *A Chorus Line* in einer Szene laut Manuskript im Publikum sitzen musste und zwei Plätze neben ihm begann jemand, Chicken Wings zu essen. »Es ist nicht nur das Geräusch«, beklagte er sich im Interview. »Sie stinken.«

Die Tradition des Essens geht zurück auf die Zeit Shakespeares, als Theatervorstellungen für jedermann erschwinglich wurden. Ausgrabungen am Globe Theatre und dem Theater The Rose in London zeigten, dass Menschen damals vor der Bühne unter anderem Obst und Nüsse aßen, außerdem Schalentiere, Krabben, Muscheln sowie Torten, Pasteten und gebratenes Fleisch. Dazu tranken sie unter anderem Ale, Met und Wein. Später kam in den USA und Großbritannien das Konstrukt des Dinner Theatres auf, Restaurants, in denen nach und manchmal während des Essens ein Stück aufgeführt wurde, manchmal sogar von den Kellnern selbst. Damals war es andersrum: Die Zuschauer machten die Theater zu großen Restaurants. Einen Vorteil allerdings hatte dies damals im Vergleich zu heutigen Aufführungen: Es gab keine Plastikverpackungen, die hätten rascheln können.

Harte Fakten

Als *Sherlock*-Star Benedict Cumberbatch 2015 in London im *Hamlet* auf der Bühne stand, machte er Schlagzeilen nicht etwa wegen seines Auftritts – er flehte Fans am Theatereingang an, während der Vorstellung nicht zu fotografieren. Er könne die Kameras von der Bühne sehen, die roten Lichter daran. »Es blendet offensichtlich«, erklärte er den verdutzten Fans. Im Theatersaal standen vor Vorstellungsbeginn schließlich große Schilder, die das Benutzen von Handys ganz verboten.

VIELE ENGLÄNDER HABEN KEIN ZUHAUSE

Es gibt in England einen relativ simplen Indikator für die aktuelle Wirtschaftslage: die Zahl der Verkäufer der Obdachlosenzeitung *Big Issue*. 1991 gründeten John Bird und Gordon Roddick in London das Blatt mit dem Ziel, Obdachlosen ein Verkaufsprodukt mit professionellen Inhalten zu bieten, von dessen Verkaufserlös sie leben können. *Big Issue* wurde ein großer Erfolg mit weiteren Ausgaben unter anderem in Manchester und Bristol. Und das Blatt wurde außerdem zum Vorbild für Obdachlosenzeitungen in aller Welt.

Dass *Big Issue* auch 30 Jahre nach ihrer Gründung noch existiert, lässt vor allem einen Schluss zu: Das

Thema Obdachlosigkeit ist nach wie vor an der Tagesordnung. Die Wahrheit aber sieht noch dramatischer aus – das Thema hat sich in England verschlimmert. 2018 vermeldeten die Statistiken, dass die Zahl der Obdachlosen im Land einen neuen Negativrekord erreicht habe. 300.000 Menschen waren in diesem Jahr in England ohne Dach über dem Kopf, schätzte die Wohltätigkeitsorganisation Shelter. Die Zahl derer, die auf der Straße schlafen, hat sich seit 2011 mehr als verdoppelt. Zudem leben 60 Prozent mehr in Notunterkünften als damals. Einige Obdachlose schlagen sich mit Couchsurfing und Übernachtungen in Hostels und Autos durch.

Der neue Indikator für Armut ist nicht mehr nur die Anzahl der *Big Issue*-Verkäufer; es sind die Menschen, die nachts die Hauseingänge in Innenstädten mit Decken und ihrem geringen Hab und Gut belegen. In Städten wie Manchester kamen im Jahr 2019 auf einen Häuserblock in der Innenstadt im Durchschnitt vier Obdachlose.

Der Beginn der harten Sparpolitik der konservativen Regierung im Jahr 2010 war auch der Beginn einer massiven Zunahme der Obdachlosigkeit. 2018 reagierte die Downing Street. In einem Gesetzesentwurf gab sie das Ziel vor, bis 2027 die Obdachlosigkeit zu beenden. Bereits seit April 2018 sind Kommunen verpflichtet, zum Tag der Kündigung eines Mietvertrages Hilfe anzubieten. Mietverträge laufen in Großbritannien traditionell nur über ein Jahr und müssen dann verlängert werden. Dies ist heute einer der wichtigsten Gründe für Obdachlosigkeit. Gefängnisse, Krankenhäuser und Jobcenter müssen zudem seit der Gesetzesinitiative Menschen mit dem Risiko der Obdachlosigkeit direkt ans Sozialamt verweisen. Ziel ist seitdem, das Problem zu erkennen, bevor es entsteht.

Das Abrutschen in die Armut ist gleichwohl leicht in England: Für Arbeitslose gelten strenge Regeln, deren Nichteinhaltung mit drastischen Kürzungen des Arbeitslosengeldes geahndet werden. Für die Zeit nach dem Brexit kündigte die Regierung vor allem zwei Maßnahmen an: Steuererleichterungen, um die Wirtschaft und Geringverdiener zu unterstützen. Viele gehen davon aus, dass die Ärmsten unter den neuen Vorzeichen noch weiter abrutschen.

Der Labour-Politiker Andy Burnham, lange Zeit aussichtsreicher Kandidat für den Parteivorsitz, wurde 2017 zum Bürgermeister von Greater Manchester gewählt – unter anderem, weil er den Kampf gegen die Obdachlosigkeit versprach. Er spendet seitdem 15 Prozent seines Gehalts für diesen Zweck. In England sind die Kommunen gesetzlich verpflichtet, Obdachlosen eine Unterkunft zu vermitteln. Es ist jedoch nicht festgeschrieben, in welchem Zeitraum sie dies erledigen müssen. Ein Anspruch besteht nur für unfreiwillig obdachlos gewordene Bürger. Familien mit

Kindern haben bei der Unterbringung Vorrang vor Einzelpersonen.

Fast 600 Obdachlose sind 2017 in England und Wales gestorben, wie die offiziellen Statistiken zeigen. Todesursachen waren vor allem Suizide, Alkoholmissbrauch und Drogen. Die Opfer unter den Männern wurden durchschnittlich nur 44 Jahre alt, die Frauen 42 Jahre.

Eines ist sicher: *Big Issue* scheint heute wichtiger denn je zu sein.

ENGLÄNDER HABEN ES NICHT SO MIT DER UHRZEIT

Im Januar 2018 erschreckte Lord Michael Bates das britische Oberhaus. Der damalige Minister im Ministerium für internationale Entwicklungen war etwas zu spät zu einer Sitzung vor den Versammelten erschienen, um dort Fragen zur Einkommensungleichheit im Vereinigten Königreich zu beantworten. Stattdessen richtete er aber sein Wort an die Lords und erklärte seinen Rücktritt: »In den fünf Jahren, in denen ich im Namen der Regierung Fragen beantworten durfte, war ich immer der Ansicht, dass wir uns nach den höchstmöglichen Maßstäben der Höflichkeit und des Respekts richten sollten, um die berechtigten Fragen zu beantworten«, erklärte er in einer nur 60-sekündigen Rede. »Ich schäme mich zutiefst, nicht zur Stelle gewesen zu sein, und daher werde ich der Premierministerin meinen Rücktritt mit sofortiger Wirkung anbieten. Ich entschuldige mich.« Bates reichte tatsächlich umgehend seinen Rücktritt bei der damaligen Premierministerin Theresa May ein, doch die lehnte ihn ab. Es sei für unnötig befunden worden, teilte ein Sprecher der Downing Street kurz darauf mit.

Lord Bates ist ein schönes Beispiel für den Umgang der Engländer mit Terminen. Traditionell mögen sie pingelig gewesen sein, was das pünktliche Erscheinen angeht. Wenn sie aber mal zu spät kommen, ist es heutzutage anderen im Grunde auch egal. Denn die Uhrzeit hat sich für viele zu einem Richtwert gewandelt. Es gibt so viele Einflussfaktoren, die ein pünktliches Erscheinen beeinflussen – die U-Bahn, Streiks, Staus, rote Ampeln, Sportveranstaltungen und Telefonate –, dass niemand mehr ernsthaft bei einer Verabredung auf die Uhr schaut.

Wer für 19 Uhr Gäste zum Essen einlädt, sollte tunlichst davon absehen, um 19 Uhr auch das Essen auf dem Tisch zu haben. 19 Uhr bedeutet den Beginn einer langsamen Eintrudelphase, die sich gut und gern bis 20 Uhr hinzieht. Wahrscheinlich hat sich allein zu diesem Zweck eine alte Tradition gehalten: die des Pre-Dinner-Drinks. Man trifft sich in Restaurants nicht am Tisch, sondern an der Bar. Hier trinkt man, bis alle eingetroffen sind, um dann gemeinsam ins eigentliche Restaurant zu wechseln. Viele machen das auch zu Hause so und servieren erst einmal Wein am Sofa, bevor es an den Esstisch geht. Ich habe Freunde, die kommen derart spät, dass manchmal bereits vor dem Essen die ersten Gäste betrunken sind.

Pünktlichkeit zahlt sich in England kaum noch aus. Züge kommen ständig zu spät (außer jene, die man kurzfristig noch erreichen will und mit deren Verspätung man fest rechnet), Flugzeuge in Heathrow verlassen selten zur angegebenen Zeit das Terminal, dafür sind die Slots an diesem Riesen-Airport einfach viel zu dicht getaktet. Und wenn, dann stehen sie noch eine halbe Stunde in der Warteschlange zur Startbahn. Geschäfte öffnen in der Regel zu festgelegten Uhrzeiten, wenn man aber mal zu ebendieser Zeit vor der Tür steht, sind sie unter Garantie noch verschlossen. Selbst der Brexit – er kam über Jahre zu spät, weil das Unterhaus mehr als drei Jahre über das Wie und Wann debattierte.

Man kann es sich versuchen schön zu reden. Die Engländer, ein Vorbild an Höflichkeit, deren Glocken von Big Ben so haargenau die Stunde läuten, dass sie dies selbst in der BBC jahrelang taten – sie sind am Ende auch nur Menschen wie Du und ich.

IM PUB SIND ENGLÄNDER CHAUVINISTEN

Überall wird das klassische Rollenverhältnis von Mann und Frau diskutiert. Es gibt Geschlechterquoten, immer mehr Männer kümmern sich um die Erziehung der Kinder, während Frauen arbeiten gehen. Es ist bei der viel diskutierten Gleichberechtigung vielleicht langsam, aber immerhin, etwas ins Rollen gekommen. Auch in England, so scheint es. Doch dann geht man in einen Pub und steht umgehend der klassischen Rollenverteilung der vergangenen 100 Jahre gegenüber.

Die beginnt schon am Tresen. Während Männer in der Regel beim Bestellen eines Bieres gar nicht nach der gewünschten Größe gefragt werden, hören Frauen meist umgehend die Frage: »Half?« Männer trinken Pints, Frauen halbe Pints – so war das, seitdem Frauen überhaupt mal in Kneipen geduldet wurden. Und so ist es bis heute. Während Männer schon krank sein müssen oder Bier absolut nicht mögen (was bei fast keinem der Fall ist), um ein kleines Glas zu bestellen, weisen Frauen ausdrücklich darauf hin, wenn es ein Pint sein soll. Oder sie bestellen gleich etwas anderes.

Der Pub war historisch gesehen eine Männerdomäne. Frauen hatten hier jahrhundertelang nichts zu suchen – bis ins 19. Jahrhundert hinein. Deswegen zeigt sich in alten Pubs, von denen es noch jede Menge gibt, bis heute eine weitere Form der Diskriminierung: Sie verfügen zwar über Herrentoiletten in Barnähe, doch jene für Damen wurden im Nachhinein angebaut – meist auf dem Hof oder an anderer eher dezentraler Stelle. Während Herren zwischen zwei Bieren kurz um die Ecke gehen, müssen Damen mancherorts Jacke und Schal greifen, um auf dem Weg zur Toilette nicht zu erfrieren.

In der Londoner City ist die klassische Rollenverteilung bis heute gut zu beobachten. Der Pub war traditionell der Treffpunkt der Männer nach der Arbeit. Noch heute ist dies hier so. Rund um das Londoner Bankenviertel füllen sich am frühen Nachmittag die Tresen mit Männern in Anzug und Krawatte, die erleichtert das eine oder andere Pint hinunterkippen und die immer selben Kollegen dabei treffen. Frauen? Oftmals Fehlanzeige.

Traditionell bestehen Pubs aus zwei bis drei Bereichen: Es gibt die Public Bar, eine eher schlichte, mit wenigen Tischen ausgestattete Hälfte, die vor allem für eines gedacht ist: schnell und günstig zu trinken. Früher war dies der Bereich der Arbeiter. Hier gab es einfachere Biere und billige Spirituosen. Frauen waren in diesem Teil eines Pubs unerwünscht. Diese Regel war so sehr etabliert, dass sich viele Pubs bis in die Achtzigerjahre des 20. Jahrhunderts daran hielten. Und das war eine Zeit, in der die Frauenbewegung längst damit begonnen hatte, genau diese Bereiche von Pubs in konzertierten Aktionen zu stürmen.

Die Lounge war der gemütliche Teil eines Public Houses, wie man den Pub mit vollem Namen nennt. Er entstand von Ende des 18. Jahrhunderts an und war für besseres Publikum und Unterhaltung gedacht. Hier waren die Getränke teurer (und besser), hier gab es Billardtische, regelmäßig Livemusik und Kleinkunstaufführungen. Die Juke Box bereitete dem zu Beginn des 20. Jahrhunderts ein Ende – von da an wurde die Lounge schlicht zum Wohnzimmer der Pubs.

In der Lounge waren Frauen durchaus gestattet, lieber hatte man sie aber im »Snug«, dem »gemütlichen« Teil des Pubs. Dahinter verbarg sich ein kleiner Raum mit Zugang zur Bar – allerdings war dieser Zugang oft durch eine kleine Öffnung gegeben, sodass niemand

aus dem Barbereich in den »Snug« wirklich hinein-
schauen konnte. Hier trafen sich Frauen, Polizisten,
Priester und andere, die ungern bei einem Pint oder
einem Whisky gesehen werden wollten. Vielleicht ja
auch manchmal, um über die Gleichberechtigung zu
diskutieren.

Gut zu wissen

Die Rollenverteilung der Engländer hatte noch
eine weitere Ausprägung: den Gentlemen's Club.
Vor allem in London gibt es bis heute Clubs für
unterschiedliche politische Ausrichtungen, für
Wissenschaftler, Berufsgruppen und anderes –
fast allen war bis weit ins vergangene Jahrhundert
hinein gemein, dass ausschließlich Männer Zutritt
hatten. Wichtige politische Gespräche werden
hier bis heute geführt, Geheimdiensttreffen, Wirt-
schaftsgespräche – wenn etwas für England von
Bedeutung war, konnte man sicher sein, dass dies
in einem der Londoner Gentlemen's Clubs seinen
Ursprung hatte. Und entsprechend von Männer-
runden ausgedacht war. Einer der bekanntesten
ist bis heute der Reform Club, einst Treffpunkt der
Liberaldemokraten und Endpunkt von Jules Ver-
nes Reise *In 80 Tagen um die Welt*. Frauen dürfen
ihn erst seit 1981 besuchen.

ENGLÄNDER SEHEN SICH LINKS IM RECHT

Vieles im Leben ist ja eine Frage der Perspektive. Geht es mir wirklich schlecht? Oder einfach nur schlechter als gestern? Oder denke ich, dass es mir schlecht geht, weil es anderen besser geht? In England beginnt die Frage der Perspektive meist schon morgens, wenn man das erste Mal auf die Straße geht: Ist es eigentlich normal, dass Autos auf der linken Seite fahren? Für Engländer ist es das, was ja auch nicht weiter verwunderlich ist, wenn man das ganze Leben erst nach rechts schaut, wenn man die Straße überqueren will, und nicht nach links. Die Frage ist: Was ist normal? Für Engländer fährt der Rest Europas auf der »falschen« Seite.

Dabei hat das ein bisschen was von einem Geisterfahrersyndrom: Wer sich den ganzen Tag im Recht sieht und am Ende zum Ergebnis kommt, dass alle anderen etwas falsch machen, könnte durchaus irgendwo in dem ganzen Gedankenspiel einmal die Frage stellen: Bin ich es vielleicht selbst?

Auf rund einem Viertel der weltweiten Straßen herrscht Linksverkehr, insgesamt sind es 59 Länder der Welt. Die meisten davon sind oder waren in Zeiten des aufkommenden Straßenverkehrs in irgendeiner Weise politisch mit Großbritannien verbunden. In den meisten Fällen kann man sagen: Sie waren Kolonien. Da zu dieser Zeit mehr oder weniger in allen britischen Überseegebieten galt, was auch in London Recht war, verbreitete sich der Linksverkehr relativ schnell relativ global.

Aber wer hat ihn erfunden? Die Engländer? Nein, denn Linksverkehr war tatsächlich bereits in der Antike üblich, wenn er auch damals nicht mit Autos praktiziert wurde. Es wird Napoleon zugeschrieben, dass sich der Rechtsverkehr zunehmend durchsetzte. Pferde und Militärgerät mussten sich unter seiner Herrschaft rechts halten, entsprechend wurden alle eroberten Gebiete auf dieses Prinzip umgestellt – einschließlich der französischen Kolonien. Und alle blieben dabei.

Entsprechend ist es mit den früheren britischen Kolonien: Auch in Australien, Indien, Malta und anderen

Ländern gilt bis heute der Linksverkehr. Einzige größere Ausnahme ist die britische Exklave Gibraltar – hier herrscht wegen ihrer geringen Größe und der engen Verzahnung mit Spanien Rechtsverkehr.

Also alles rechtens mit dem Linksverkehr? Für Engländer ohnehin – niemand stellt sich hier Frage, wie sinnvoll es ist, Autos mit Fahrersitz auf der rechten Seite zu bauen, obwohl der überwiegende Teil der Welt das Lenkrad auf der linken Seite benötigt. Im wohlgeordneten England hat sich die Praxis des Straßenverkehrs sogar auf andere Bereiche übertragen. Begegnen sich Briten zu Fuß auf der Straße, weichen sie meist instinktiv links aus. Im Bahnverkehr gilt auf der Insel anders als in vielen anderen europäischen Ländern ebenfalls Linksverkehr. Und selbst auf Rolltreppen geht man in England üblicherweise links, während man rechts steht.

Aber

England kann immerhin ein kleines Stückchen Rechtsverkehr mitten in London vorweisen: Im Savoy Court, einer Stichstraße der Hauptverkehrsmeile Strand, wird rechts gefahren. Der Hintergrund ist, dass diese kurze Straße einzig dazu da ist, das dortige Savoy Hotel und ein angrenzendes Theater zu erschließen – was wiederum zu manchen Tageszeiten zu einem beachtlichen Verkehrsaufkommen führt. Damit Besucher trocke-

nen Fußes rechts auf den Gehweg aussteigen können, und es durch wartende Autos nicht zu einem
Stau kommt, fährt man hier einfach rechts.

ENGLÄNDER LIEBEN NICHT NUR LAST CHRISTMAS

51
Weihnachtsbräuche

Das ganze Ausmaß zeigt sich meist schon im Sommer: Auf Plakaten weisen die ersten Hotels dann darauf hin, doch möglichst bald ein Weihnachtsarrangement zu buchen – nicht, dass es am Ende schon ausgebucht sei. Restaurants platzieren kleine Aufsteller auf den Tischen, Tenor: Wer jetzt nicht umgehend seine Weihnachtsfeier bucht, könnte in die Röhre schauen. Anfang November dann schwingt sich auch der Einzelhandel in die Adventsstimmung ein. Geschäfte rücken dann Tische mit einfallslosen Weihnachtsgeschenken in den Gang – Boxen mit Duschgel, Parfüm oder Socken –, in den Einkaufsstraßen wird die Weihnachtsbeleuchtung eingeschaltet, *Last Christmas* von Wham nimmt im Radio an Fahrt auf (obwohl es eigentlich bereits seit dem Spätsommer gespielt wird) und Kaufhäuser ersetzen ihre gewöhnlichen Einkaufstaschen durch rote oder goldene Varianten. Es weihnachtet in England – und das ganze Land ist über Wochen und Monate aus dem Häuschen.

Es ist ein Wunder, dass sich Adventsmärkte angesichts dieses fieberhaften Verhaltens erst seit kurz nach der Jahrtausendwende durchzusetzen begannen. Inzwischen aber hat jeder Ort, der etwas auf sich hält, einen »German Christmas Market« vorzuweisen. Da gibt es dann »German Bratwurst«, »German Mullet Wine« (Glühwein) und »German Pretzels« (Laugenbrezeln). Die Deutschen werden von Engländern gern als etwas skurriles Völkchen angesehen – aber ihre vermeintlichen Weihnachtstraditionen übernimmt man gern. Dabei sollte man angesichts des Weihnachtswahns in England annehmen, dass jede auch nur irgendwo praktizierte Adventstradition ihren Ursprung eigentlich auf der Insel gehabt haben müsste.

Der Weihnachtspullover ist so ein Fall. In den Achtzigerjahren begannen Engländer aus einem nicht mehr ganz nachvollziehbaren Grund damit, während der Adventszeit Wollpullover mit hässlichen Weihnachtsmotiven zu tragen. Wahrscheinlich hatte das Ganze seinen Ursprung im britischen Fernsehen, wo in etwa zu dieser Zeit ein paar Moderatoren besonders lustig sein wollten und in ebendiesen Pullovern vor die Kameras traten. Vielleicht lag es aber auch einfach nur an zu viel German Glühwein. Jedenfalls wuchs sich dieser Trend in Windeseile aus, und noch heute sieht man in der Vorweihnachtszeit Horden von Engländern in Pubs, Restaurants und sogar in ihren Büros in bunten Wollpullovern mit schrecklichen Rentier-Motiven (oder schlimmerem) sitzen. Der »Ugly Christmas Sweater« gehört für Engländer inzwischen in etwa so zwingend zur Grundausstattung des Kleiderschranks wie der Kilt für Schotten.

Mindestens ebenso wichtig ist in der Vorweihnachtszeit eine ähnlich auffällige Mütze oder zumindest ein künstliches Geweih, mit dem Engländer dann stundenlang am Tresen im Pub stehen und versuchen, möglichst cool auszusehen.

Das Weihnachtsfest selbst ist dann beinahe schon unspektakulär komprimiert. Während der 24. Dezember in manch anderem Land so etwas wie der Höhepunkt vor zwei Feiertagen zum Ausspannen ist, bereiten sich Engländer an diesem Tag bestenfalls auf den nächsten Tag vor und hängen ihren Weihnachtsstrumpf an den Kamin, sofern vorhanden. Denn in der Nacht kommt hier der Weihnachtsmann mit seinen Geschenken – zumindest wird dieser Brauch so praktiziert. Am nächsten Tag, dem 25. Dezember, werden dann die Geschenke ausgepackt. An diesem Tag kommt man traditionell zum Essen mit der Familie zusammen, manch einer schaut die Weihnachtsansprache der Königin, weil es ohnehin nicht viel anderes zu tun gibt. Denn an diesem Tag sind die meisten Geschäfte geschlossen – wozu es in England, dem Land der 24-Stunden-Supermärkte, einen wirklich triftigen Grund braucht. Am 24. Dezember hingegen kann man vielerorts bis 18 oder 19 Uhr einkaufen. Der 26. Dezember heißt in England Boxing Day – weil an diesem Tag im Mittelalter die Almosenbox in der Kirche geleert und die Spenden an die Armen verteilt wurden. Heute zählt er eher als Tag der Geschenkboxen: Weil viele Geschäfte dann Sonderverkäufe starten, ist Boxing Day zum klassischen Einkaufstag geworden. Nach wie vor ist der 26. Dezember ein Feiertag – doch die liberalen Ladenöffnungszeiten ermöglichen es dem Einzelhandel, dann bereits in die Vollen zu gehen.

Ironischerweise praktiziert ausgerechnet die königliche Familie eine andere Art von Weihnachten: die deutsche. Wegen Queen Victorias Wurzeln im Königshaus Sachsen-Coburg wurde zu ihrer Zeit wie in Deutschland am 24. Dezember beschert. Das britische Königshaus hat ihren Brauch bis heute beibehalten.

Aber

Die ganze Feierei hat spätestens Silvester ein Ende. Abgesehen von einigen großen zentralen Feiern, etwa in London und Edinburgh, rasten Engländer zur Jahreswende nur verhalten aus.

Pubs schließen oft wie jeden Tag bereits vor 0 Uhr, Silvesterfeiern enden mitunter bereits kurz nach dem Anstoßen, *Dinner for One* wurde im britischen Fernsehen erstmals 2017 gezeigt, und das auch nur in einem Nischenkanal – was bislang nicht für einen Kultstatus gereicht hat. Stört viele Engländer aber auch nicht, denn für sie ist in der Silvesternacht nur eines wichtig: das Lied *Auld Lang Syne* zu singen, ein schottischer Klassiker aus dem 18. Jahrhundert, mit dem traditionell der Toten eines Jahres gedacht wird.

ENGLÄNDERN MUSS ALLES AUFGEMALT WERDEN

Von unterschiedlichen Vorzügen mal abgesehen, laufen Engländer selten Gefahr, im Alltag vom rechten Weg abzukommen. Das beginnt schon morgens. Wenn man das Haus verlässt, zeigen Linien im Grunde den Weg. Viele Kreuzungsbereiche sind mit diagonalen Linien so sehr schraffiert, dass niemand auch nur im Traum auf die Idee kommen würde, bei Stau dort hinein zu fahren. Auf Autobahnen und Schnellstraßen gibt es wie überall Linienmarkierungen für die Fahrbahnen – doch sind sie hier zusätzlich mit Katzenaugen markiert, damit man auch in der Dunkelheit stets sieht, wo man hingehört. Randstreifen sind geriffelt, sodass Reifen Geräusche machen, wenn sie mal auf dieser Markierung landen. Falsch parken ist quasi unmöglich, denn es gibt im ganzen Land eine Regel: Eine gelbe Linie am Rand bedeutet Parkverbot, zwei gelbe Linien absolutes Halteverbot, nur keine Linie erlaubt das Parken. Manche Menschen brauchen stets ein Flipchart, um Vorgänge nachvollziehbar aufgemalt zu bekommen. Engländern genügt für den Alltag eine beliebige Straße.

Das Ganze setzt sich in öffentlichen Verkehrsmitteln fort. Dass der Eingangsbereich freizuhalten ist, kennt man aus vielen Ländern. In englischen Bussen aber sind Eingangsbereiche derart penetrant gelb markiert, dass man Angst hat, unter einem täte sich ein gelber See aus ätzender Flüssigkeit auf, würde man ihn betreten oder gar dort stehen bleiben. An Bahnsteigen zeigt eine Linie an, bis wohin man sich stellen darf, um nicht etwa von vorbeifahrenden Zügen erfasst zu werden, selbst wenn auf diesen Gleisen mitunter gar keine Züge vorbeifahren.

Mit dem Rauchverbot in englischen Pubs zog eine weitere Form der Markierung ein: Die jener Bereiche, in denen man draußen trinken darf. Weil Raucher mit ihren Zigaretten fortan ins Freie mussten, standen plötzlich viele Menschen mit Biergläsern vor der Tür. Das verstieß mutmaßlich gegen irgendein Gesetz aus irgendeinem fernen Jahrhundert (was in England meist der Fall ist), deswegen fingen Gastwirte an, Markierungen auf den Gehweg zu malen: bis hier hin und nicht weiter. Um dem Ganzen Nachdruck zu verleihen, stehen oftmals Türsteher mit verschränkten Armen am Rand dieser Markierungen und achten peinlich genau darauf, dass niemand auch nur einen Fuß darüber bewegt. Das führt zu kuriosen Szenen: Auf leeren, breiten Gehwegen stehen wildfremde Menschen mit Biergläsern und Zigaretten dicht zusammen und versuchen leicht verkrampft, ihr Suchtverhalten auf einem fest gelegten Raum auszuleben.

Viel Streit gibt es übrigens um keines dieser Verbote – der Engländer ist und bleibt linientreu.

ENGLÄNDER SPIELEN BRENNBALL MIT TEEPAUSE

Um die Besonderheiten des Cricketspielens zu erkunden, blickt man am besten weit zurück. Zurück ins Jahr 1939, als eine Partie zwischen England und Südafrika zu einer neuen Marke wurde – der des längsten Cricketspiels aller Zeiten. Am 3. März begannen die beiden Teams in Durban zu spielen. Und sie taten es auch nach neun Tagen noch, als die Partie mit einem Unentschieden beendet werden musste – die Engländer hätten sonst ihr Schiff für die Rückfahrt verpasst. Außenstehende staunen dabei nicht mal nur über die Dauer eines Spiels von insgesamt neun Tagen – sie schütteln verwundert den Kopf, wenn sie erfahren, dass die Begegnung ohnehin schon im Voraus auf fünf Tage angesetzt war.

Am Cricket scheiden sich die Geister. Für viele ist es nur eine Art Brennball – ein Ball wird geschlagen, ein Spieler rennt um das Feld, bis der Ball wieder gefangen wurde. Für Engländer aber stellt das Ganze eine Art Kulturgut dar. Es gibt kaum ein Dorf in England, auf dem nicht in prominenter Lage irgendwo eine Rasenfläche für Cricket vorgesehen wäre. Zuschauer kommen mit Tageszeitung oder Buch zu einem Spiel, sie ziehen bis heute ihre besten Anzüge an, denn Cricket gilt noch immer als elitärer Sport. Es gibt bei einem Spiel Mittags- und Teepausen. Man geht abends nach Hause, um morgens wiederzukommen – bis zu fünf Tage lang, zumindest wenn nicht gerade England auf Südafrika trifft. Cricket ist nicht nur ein Samstagnachmittagszeitvertreib oder eine Alternative für einen Abend vor dem Fernseher. Es ist für Engländer eine Lebenseinstellung.

Entstanden ist diese Sportart vor etlichen Jahrhunderten in England, ursprünglich als Kinderspiel. Während des 17. Jahrhunderts fanden auch immer mehr Erwachsene daran Gefallen. Cricket entwickelte sich zu einem Nationalsport mit weit reichenden Folgen: Während der Kolonialzeit trugen Briten die Cricketregeln in alle Welt. Heute ist dieser Sport deswegen auch in früheren britischen Kolonien wie Australien, Indien oder eben Südafrika als Profisport anerkannt.

Den ersten Ländervergleich gab es im Jahr 1844, das erste offizielle Länderspiel 1877.

Weil niemand fünf bis neun Tage vor dem Fernseher verbringt, nur um auf das Ergebnis eines Spiels zu warten, erfand das International Cricket Council 2003 die Spielform »Twenty20 Cricket«. Dabei dauert ein Spiel nur noch rund drei Stunden. Eigentlich sollte es ein Entgegenkommen für die Sportfernsehsender sein, die sich damit großen finanziellen Erfolg versprachen. Denn endlich wurde eine absurd langatmige Sportart dadurch wirklich international massentauglich. Der Zuspruch war allerdings derart groß, dass viele heute schon das Ende des traditionellen Crickets befürchten.

Was schade wäre – schließlich ist die klassische Form auch wegen zahlreicher teils absurder Regeln so einzigartig. So darf ein Ball beispielsweise weder die Mütze noch die Kleidung eines Spielers berühren, bevor er in seine Handfläche gelangt. Jede Oberfläche außer den Händen ist gleichbedeutend mit dem Boden. Schlagmänner haben außerdem drei Minuten Zeit, um auf dem Spielfeld zu erscheinen. Trifft ein Ball das Stadiondach, gilt er als »toter Ball« – es sei denn, das Ganze passiert im Stadion in Melbourne.

Harte Fakten

Engländer sind sportverrückt – noch vor Cricket ist Fußball die populärste Sportart. Die Spiele der

Premier League sind Pflichtprogramm in vielen Pubs. Rugby ist fast genauso beliebt und nationale Wettbewerbe sind mindestens ebensolche Straßenfeger wie Fußball-Weltmeisterschaften.

ENGLÄNDER PRÜGELN SICH GERN

54
Hooligans

Der britische Journalist und Kolumnist Rod Liddle schrieb – unter anderem – zur EM 2008 einmal einen schönen Satz: Den Österreichern und Schweizern entgehe durch das Fehlen Englands bei ebendieser Europameisterschaft die »kulturelle Erfahrung, unsere Fans dabei zu beobachten, wie sie in den Straßen urinieren und Plastikstühle werfen«. England hatte damals im Vorfeld die Qualifikation verpasst und durfte in den beiden Alpenländern deswegen nicht antreten. Was Liddle in britisch-sarkastischer Weise kommentierte, war zu diesem Zeitpunkt ein ernstes Problem.

Wenn englische Fußballfans feiern, kann es ausarten. Viel Alkohol, viel Stimmung – es gibt vor allem bei Fußballländerspielen regelmäßig Ärger. Seit den Siebziger- und Achtzigerjahren aber verschärfte sich das Problem. Hooligans vermischten sich zunehmend mit der rechten Szene in Großbritannien. Es ging nicht mehr nur darum, ein paar Bier zu viel zu trinken. Gewaltbereite Hooligans zogen seitdem – mal mehr, mal weniger – nicht nur durch die Stadien Großbritanniens. Sie reisen bis heute in Horden durch Europa. Fast im Wochentakt sorgten sie vor allem in den Neunzigerjahren für Gewaltexzesse.

In den englischen Stadien selbst wird seit vielen Jahren massiv daran gearbeitet, es Ultras möglichst ungemütlich zu machen. Die Ticketpreise sind kontinuierlich gestiegen und liegen heute umgerechnet zwischen 70 und 120 Euro. Alkohol ist bereits seit 1985 auf den Tribünen untersagt. Stehplätze sind per Gesetz verboten. Jeder Zuschauer ist aufgrund seines Tickets und einer massiven Kameraüberwachung einem Sitzplatz zuzuordnen. Und die Überwachung beginnt bereits in der U-Bahn – auch wer sich dort danebenbenimmt, muss mit einem Stadionverbot rechnen. Die Clubs sind in diesem Punkt rigoros: Allein der FC Chelsea verhängt Medienberichten zufolge pro Saison zwischen 200 und 300 Stadionverbote.

Es waren jedoch insgesamt drei Katastrophen notwendig, bis sich die Premier League und die britische

Regierung zu diesen drastischen Maßnahmen durchrangen. 1985 verbrannten 56 Menschen bei einem Tribünenbrand in Bradford – ein Zuschauer hatte versehentlich eine Zigarette nicht ganz ausgedrückt, wie die Ermittler später feststellten. Im Brüsseler Heysel-Stadion starben kurz danach 39 Zuschauer auf der Flucht vor Hooligans aus Liverpool. Und 1989 schließlich verloren beim Unglück von Hillsborough in Sheffield 96 Menschen ihr Leben, als sie in Panik auf einer überfüllten Tribüne zu Tode gedrückt wurden.

In England selbst wurde es dadurch deutlich ruhiger und manche Zeitung feierte nach der Jahrtausendwende bereits das Ende der Hooligan-Ära. Doch die gewaltbereiten Fans reisten einfach weiter – zu den Auswärtsspielen der englischen Nationalmannschaft.

Zur Euro 2000 kamen mehr als 5.000 englische Fans ohne Eintrittskarten nach Belgien und hinterließen eine Spur der Verwüstung. Daraufhin beschloss die britische Regierung den »Football Disorder Act«, ein Gesetz, das Stadionverbote erleichterte und das es der Polizei erlaubte, verurteilten Hooligans vor Länderspielen den Reisepass abzunehmen. Mehr als 3.000 Fans waren davon betroffen – und die Lage in Europa entspannte sich tatsächlich etwas. Erst während der EM 2016 in Frankreich lieferten sich englische und russische Fans täglich erneut Straßenschlachten. Es wiederholte sich, in der Schweiz, in Tschechien, an anderen Orten. Stets dort, wo die englische Nationalmannschaft zu einem Spiel antrat. Zur WM 2018 zog das britische Innenministerium die Pässe von 1.300 Fans ein. Bei einem Versuch, während der Weltmeisterschaft auszureisen, drohte ihnen eine Strafe von umgerechnet 6.000 Euro oder sogar sechs Monate Gefängnis.

Das Problem heute: Hooligans sind nicht mehr einfach zu identifizieren. Sie stammen aus vielen Teilen der Gesellschaft und sie versuchen inzwischen erst gar nicht, mit einer Eintrittskarte in ein Stadion zu gelangen. Stattdessen toben sie sich gleich davor aus.

Harte Fakten

Der durchschnittliche englische Football-Hooligan ist einer Untersuchung der englischen Football Association zufolge 25 bis 44 Jahre alt, er hat ein überdurchschnittliches Einkommen, ist tendenziell ledig und reist lieber zu Auswärtsspielen, als dass er zu Hause ein Stadion besucht. Die Umfrage ergab, dass rund 4 Prozent der Fans zu den gewaltbereiten Fans gezählt werden können, die bei Spielen der Nationalmannschaft regelmäßig ausrasten. Die meisten dieser Problemfälle stammen demnach aus London – wo jedoch durch die Einwohnerzahl und die Menge an Profiteams naturgemäß der Schwerpunkt des Fußballs liegt.

ENGLÄNDER HABEN EINE WEIBLICHE SEITE

55
Pantomime

Schotten tragen Röcke, zumindest manchmal – das ist bekannt. Vor allem vor Weihnachten aber ziehen auch manche Engländer ein Kleid an. Oder einen Rock. Oder andere Kleidungsstücke, die gemeinhin eher für Damen gedacht sind. Und es funktioniert auch umgekehrt: Frauen steigen in Anzüge, malen sich Schnurrbärte unter die Nase und sprechen den einen oder anderen Satz ein paar Oktaven tiefer. Das Ganze findet vorwiegend auf der Bühne statt, und zwar in der englischen Pantomime. Die hat nichts mit jener Pantomime zu tun, die es in Deutschland und anderswo gibt, also das Darstellen ohne jegliche Worte. Denn gesprochen wird bei der englischen Variante mehr als genug, sogar gesungen und geschrien. Mit Vorliebe geschieht dies in der Zeit vor Weihnachten und traditionell am Boxing Day, dem 26. Dezember.

English Pantomime ist eine Darstellungsform, die während des 17. Jahrhunderts in Großbritannien entstand. Von dort aus schwappte sie in die früheren Kolonien und ist so heute überwiegend in englischsprachigen Ländern bekannt. Es gibt sie in Singapur genauso wie in Südafrika oder Jamaika. Und dabei genießt die kurz »Panto« genannte Art der Aufführung eine ungebremste Popularität. Für viele Stars gehört es zum guten Ton, wenigstens einmal in einem solchen Stück auf der Bühne des Londoner Westends gestanden zu haben. David Hasselhoff war bereits in einer English Pantomime zu sehen, Debbie McGee und auch Cliff Richard. Wobei man nicht zwingend nach London fahren muss, um solch ein Stück zu sehen. Es gibt sie auch in den Theatern kleinerer Orte, selbst auf Inseln.

English Pantomime wirkt wie ein Musical, sie ist aber viel mehr – es gehören auch Elemente aus der Komödie dazu, und meist ist das Ganze am Ende eine Art Märchen oder eine Sage, in der Cinderella (gespielt von einem Mann) oder Peter Pan (eine Frau) über die Bühne hüpfen. Irgendwann taucht immer ein Harlekin darin auf oder ein Pferd, das stets von zwei Schauspielern dargestellt wird. English Pantomime ist immer anders – wer eine in Bristol gesehen hat, wird sie etwa in Manchester oder London nicht wiedererkennen. Anders als bei herkömmlichen Musicals wird hier Jahr für Jahr variiert.

Immer wieder schaltet sich in den Vorstellungen auch das Publikum ein und ruft Sätze wie: »It's behind you!« oder »Attention!« Mitfiebern und Mitalbern gehört bei der English Pantomime dazu. Die Zuschauer buhen böse Charaktere aus und feuern die Guten an. Dass Männer dabei allzu oft in Frauenklamotten und Frauen wiederum in Männeroutfit auftreten, ist Teil der Tradition. Jeder Engländer liebt Pantomime. Deswegen gehen ganze Familien in die Aufführungen. Jahr für Jahr.

Gut – fast jeder liebt »Panto«. Popstar Robbie Williams begab sich 2018 in einem Interview mit dem Sender Sky News auf dünnes Eis, als er sagte, er sei stolz, eine solch lange Karriere in der Unterhaltungsindustrie zu haben, ohne je Pantomime gemacht haben zu müssen. Der Shitstorm kam prompt, und nicht nur auf Twitter. English Pantomime ist ein Stück britischen Kulturgutes, das sich auf der Insel niemand madig machen lassen möchte. Londons Theater verkaufen rund 15 Prozent ihrer Tickets allein für solche Vorstellungen. Auf manch anderer Bühne in England liegt die Zahl einem Bericht der BBC zufolge sogar noch höher. Es mag in anderen Ländern nicht vieler Worte bedürfen, um mit Pantomime etwas darzustellen. In England geht's nicht ohne.

Aber

Nicht nur in der englischen Pantomime schlüpfen Frauen in Herrenklamotten und andersrum. Der Brauch begann bereits während des 16. Jahrhunderts, als das klassische Travestietheater noch gar nicht in seiner heutigen Form üblich war. Und es hatte zunächst einen einfachen Grund: Weil Frauen damals auf der Bühne unerwünscht waren, spielten junge Männer ihre Rollen. Das änderte sich im 17. Jahrhundert radikal – damals wurde es sogar modern, dass gerade Frauen auch Männerrollen spielen. Schätzungen gehen davon aus, dass damals in rund einem Viertel aller in London produzierten Stücke Frauen Herrenkleidung trugen.

NACHWORT

Ich weiß nicht, wie es Ihnen geht, aber ich frage mich am Ende von Reisebüchern immer: Ist das eigentlich wirklich so? Das ist auch beim Schreiben nicht anders. Gestern habe ich zum Abschluss das gesamte Manuskript noch einmal gelesen. Und unweigerlich überlegt man bei dem einen oder anderen Punkt dann: Kannst du das so schreiben?

Dann stieg ich die U-Bahn, um in einen Pub in Paddington zu fahren – um mich herum eine schweigende Menge im Waggon. Die Ampel vor dem Pub zeigte Rot, doch das beachteten selbst junge Eltern mit kleinen Kindern nicht und liefen ungehemmt über die Straße. Am Tresen wurde ich nicht gefragt, ob ich ein Pint oder ein kleineres Glas möchte. Das Bierglas (ein Pint) war vollgezapft bis an den Rand, sodass ich es kaum zum Platz bekam, ohne etwas zu verschütten.

Und auf dem Tisch standen noch die Weihnachtsaufsteller, obwohl Weihnachten längst vorbei war – Sondermenüs zu Sonderpreisen, exklusiv, nur jetzt und hier. Eine Bekannte erzählte kurz darauf, wie toll ihre diesjährige Pantomime-Aufführung gewesen sei, und war erstaunt, dass man diesen Brauch in Deutschland nicht kennt.

Kann man das also so schreiben? Ja, man kann.

Lassen Sie die ganzen Eigenarten aus den vorangegangenen Seiten einfach mal sacken und stellen Sie sich die Menschen vor, zu denen diese kleinen Macken des Alltags passen. Das müssen lustige Typen sein, oder? Sie sind es tatsächlich.

Man kann Engländern – und an dieser Stelle sei ausdrücklich darauf hingewiesen, dass hier meist auch Engländerinnen mit gemeint sind und die nur aus Gründen der Lesbarkeit nicht immer wieder mit erwähnt werden – viel vorwerfen, nicht zuletzt den Brexit, *Last Christmas* und den Linksverkehr. Aber es sind echte Typen. Sie werden auf der Insel wenig Langweiler finden, kaum Mitläufer, aber jede Menge interessante Menschen. Die eine oder andere Eigenart hilft da immer, aus der Masse hervorzustechen.

Michael Pohl

STICHWORT-VERZEICHNIS

Alkohol   186–190

Anzüge   201–204

Aussprache   41–43

Bargeld   162–165

Bußgeld   150–153

Cricket   236–239

Dialekte   121–124

Eisenbahn   169–173

Eliteschulen   174–177

Entschuldigen   13–15

Essen   117–120

Feiertage   88–91

Fremd-
sprachen   158–161

Frühstück   37–40

Fußgänger   30–32

Gesetzgebung   111–116

Gesundheits-
wesen   133–137

Glücksspiel   100–102

Höflichkeit   166–168

Hooligans   240–243

Hygiene   16–19

Junggesellen-
abschiede   154–157

Junk Food   78–81

Kälte-
empfinden   178–181

Kneipenkultur   25–29

Kolonien   196–200

Kommunikation in der
Öffentlichkeit   82–87

Linksverkehr   224–227

Made in Britain 92–96

Männer-
domänen 220–223

Markierungen 233–236

Medien 58–63

Meldewesen 44–48

Misch-
batterien 205–208

Mode 103–106

Monarchie 69–73

Nahverkehr 191–195

Nationalsozialis-
mus 125–132

Obdach-
losigkeit 213–216

Pantomime 244–247

Picknick 64–68

Pünktlichkeit 217–219

Recycling 182–185

Schlange
stehen 141–144

Selbstüberschät-
zung 49–52

Smalltalk 20–24

Snacks 209–212

Teekultur 138–140

Traditionen 145–149

Trinkkultur 53–57

Uhrzeit 97–99

Vorbilder 107–110

Weihnachts-
bräuche 228–232

Zigaretten 74–77

Zurückhaltung 33–36

Die junge Frau und das Meer – Coming-of-Age meets Heimatliteratur

Ostfriesland – unendliche Weiten. Und eine Frau, die, umgeben von Wasser, Wind und plattem Land, heranwächst und sich wundert. Sylvie Gühmann berichtet über ihre Angst vor Bergen, grotesken Felsen und Abgründen, von ihrer Angst vor dem Unüberblickbaren.

Sie erzählt von der Wuchtigkeit des Nichts, der Kraft der Leere der ostfriesischen Landschaft und der Teezeremonie, ihrem Alltagsanker. Mit Mitte zwanzig, inmitten der Großstadt Hamburg, fragt sie sich, was sich alle Wandernden mit Mitte zwanzig fragen: Will ich eigentlich zurück?

Sylvie Gühmann
Die junge Frau und das Meer
Warum ich in Ostfriesland den
Überblick behalte

ISBN 978-3-95889-388-7
ISBN 978-3-95889-392-4

CON
BOOK.

Bestens vorbereitet mit den Reise-Hacks

Die neue gut gelaunte Ratgeberreihe fürs Handgepäck

Reise-Hacks für Hundemenschen
ISBN 978-3-95889-419-8

Reise-Hacks für frisch gebackene Eltern
ISBN 978-3-95889-420-4

Reise-Hacks für Klimabewusste
ISBN 978-3-95889-418-1

Reise-Hacks für Nackte
ISBN 978-3-95889-422-8

Reise-Hacks für Laufbegeisterte
ISBN 978-3-95889-421-1

CON BOOK.

Ein Kompendium der schönsten Strecken Europas

Veronika Wengert und Jörg Dauscher
Nachtzugreisen
Die schönsten Strecken Europas

ISBN 978-3-95889-416-7
ISBN 978-3-95889-425-9

In vielen europäischen Ländern schlummerte das Reisen im Nachtzug einen langen Dornröschenschlaf. Nun ist es wieder da! In Zeiten von Slow Travel und Nachhaltigkeit erlebt dieses ganz besondere Reiseerlebnis einen echten Boom: Das Nachtzugnetz wächst, und jedes Jahr kommen neue Verbindungen hinzu.

Spannende Städte, traumhafte Landschaften und weniger bekannte Lieblingsorte lassen sich nicht nur ganz entschleunigt, sondern auch umweltfreundlich bereisen. Lassen Sie sich inspririren und entdecken Sie die schönsten Nachtzugstrecken in ganz Europa.